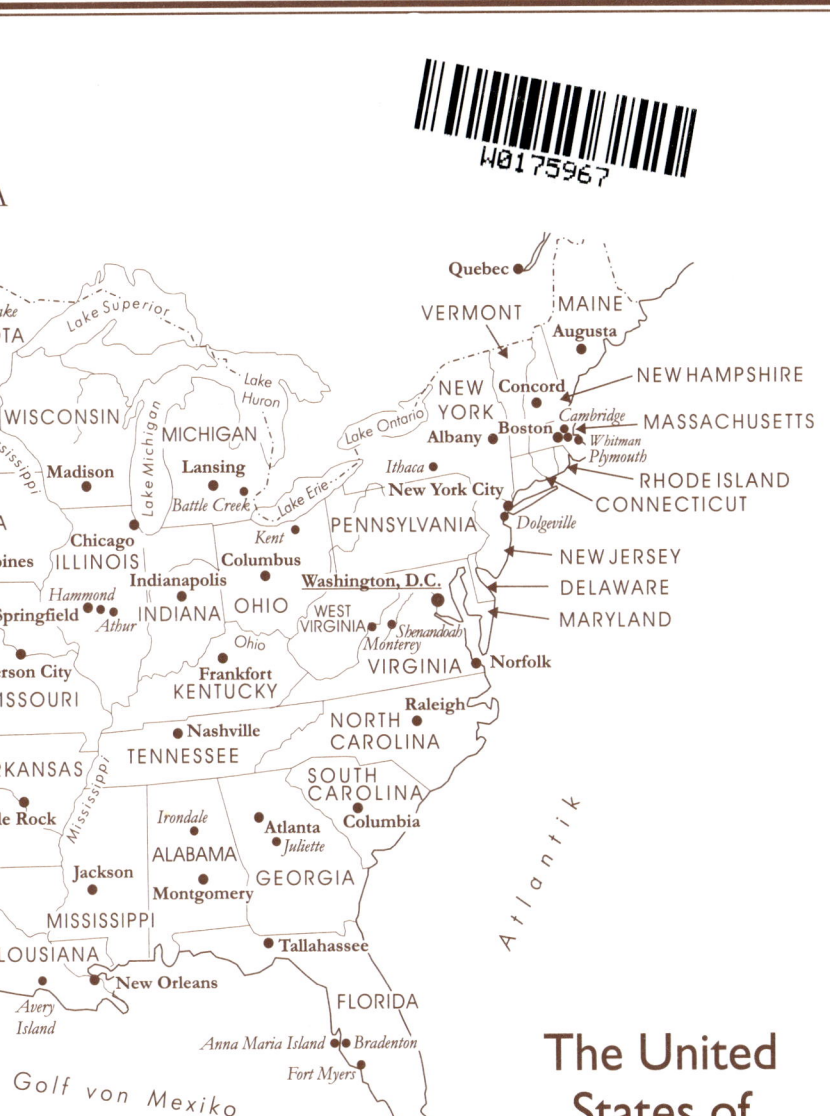

The United States of America

Irmela Erckenbrecht

American Veggie

Irmela Erckenbrecht

American Veggie

Vegetarische Streifzüge durch die USA

illustriert von Margret Schneevoigt

Thank you, my dear friends and relatives,

for showing me the beauties of America,
for sharing your favorite recipes,
for talking shop with me,
for answering my many questions,
for sending packages with supplies,
for being there for me,
for always kissing the cook.

Especially:
Jim Allen, Dilip Barman, Jasmine Chenoa Bowman, Sybel Boss-Ayme, Juanita Fleener, Hans-Ulrich Möhring, Karen Nölle, Virginia Olson, Reinhild Otterbein, Manfred Pietrzok, Dorothe Poggel, Gary Samples, Jenny Sandhaas, Betty Sims, Joseph Smith, Peggy Smith, Rachel Smith, Charles Stahler, Susanne Wieneke, and Sebastian Zösch as well as the late Hazel Fleener, Dorothy Gregory, Mabel Logan, and Susan Wilkins.

Inhalt

Welcome! 7

Let's cook West! 9
Eine kurze Einführung in die nordamerikanische Küche 9
Die Delikatessen der ersten Amerikanerinnen und Amerikaner 9
Alte Welt trifft Neue Welt: das erste Thanksgiving 11
Mit dem Küchenwagen unterwegs in Richtung Westen 13
Texmex: scharfe Sachen in Southwest 14
Französische Anklänge bei den Cajuns in Louisiana 15
Soul Food: afroamerikanische Seelenkost 16
Staatsmuffins, Cranberrys und Ahornsirup aus Neuengland 17
American Heartland – der Mittlere Westen 18
California Dreaming 18
»If you come to San Francisco ...« 20
Washington und Ithaca 21
The United States of Veggies 22
Jenseits aller Vorurteile 25

Big Breakfast 27

Light Lunch 61

Delicious Dinner 117

Best Bakery 161

Anhang
Interessante Websites 190
Die Autorin 191
Rezepte von A bis Z 192

Welcome!

American und Veggie? Doch, doch, das passt sehr gut zusammen! Unter der augenscheinlichen Leuchtreklamen-Oberfläche der Fast-Food-Restaurants und Franchise-Ketten pulsiert ein anderes Amerika.

Es gibt sie noch, die familiengeführten *Hometown Cafés,* die herrlich altmodischen *Diners,* die geliebten *Homecooked Meals* am Esstisch in der heimischen Küche. Mehr denn je gibt es auch die sich biegenden Frühstückstische am Wochenende, die *Lunch Picknicks* auf der Parkbank, die *Potluck Partys* mit ihrem reizvollen Sammelsurium aus selbst gemachten Überraschungsgerichten, die festlichen *Candle Light Dinners* im romantischen Kerzenlicht. Und dazu gibt es ein dichtes und immer weiter wachsendes Netz an vegetarischen Zeitschriften, Restaurants, Vollwertcafés, kleinen und großen Bioläden, *Thanksgiving Partys* und Sommerfesten, bunten *Farmers' Markets*, Landwirtschafts-Gemeinschafts-Höfen, Food-Kooperativen, Tagungen, Kongressen, engagierten Veggie-Stars und vielen, vielen über das ganze Land verteilten aktiven Veggie-Gruppen. Die alternative Infrastruktur in den USA ist grün, stark und lebendig!

Seit über 25 Jahren mit einem waschechten US-Vegetarier in Liebe verbandelt, staune ich bei jedem unserer Besuche stets aufs Neue über die Vielfalt und riesige Bandbreite des Angebots. Den Notizblock immer griffbereit, sammele ich Anregungen, schnappe Ideen auf, fachsimpele mit leidenschaftlichen Köchinnen und Köchen, lasse mich von ungewöhnlichen Kombinationen inspirieren, koche vieles nach, wandele manches ab und kehre jedes Mal mit einem ganzen Strauß neuer Lieblingsgerichte aus den USA zurück. So bestätigt sich immer wieder, was ich seit meiner ersten per-

Welcome!

★★★★★★★★★★★★★★★★★★★★★★★★★

sönlichen Begegnung mit der nordamerikanischen Küche weiß: Jenseits von Fast Food und XXL-Portionen erstreckt sich ein Land der unbegrenzten Möglichkeiten.

In eben dieses Land möchte ich Sie einladen! Kommen Sie mit auf eine kulinarische Reise durch die USA – von den Seen im Norden, an deren Ufern die indianische Urbevölkerung bis heute nach ihren traditionellen Methoden den dort heimischen Wildreis kultiviert, bis in den tiefen Süden, wo im Mississippi-Delta die knallroten, herrlich scharfen Tabasco-Schoten reifen. Von den Ahornwäldern an der Ostküste, in denen nach einem uralten, ebenfalls von der indianischen Urbevölkerung begründeten Verfahren der goldgelbe Ahornsirup gewonnen wird, bis zu den Walnuss- und Zitrushainen an der Westküste im sonnigen Kalifornien.

In diesem Kochbuch habe ich Spezialitäten aus den verschiedensten Regionen und Bundesstaaten der USA versammelt. Dazu lesen Sie vielfältige Informationen über die Herkunft der einzelnen Gerichte und die Besonderheiten typisch nordamerikanischer Zutaten, weshalb das Buch nicht nur als Kochanleitung in der Küche, sondern auch als ausgiebige Sofalektüre bestens geeignet ist. Feurige Texmex- und Cajun-Gerichte finden sich darin ebenso wie das erdige Aroma deftiger Kartoffelspeisen aus Idaho, fruchtige Kombinationen aus Kalifornien und Florida oder Großstadtkreationen aus New York und San Francisco. Auch die indianische Kochtradition ist mit leckeren Speisen vertreten. Neben den bäuerlich geprägten, eher traditionellen Rezepten meiner Schwiegerfamilie stehen moderne Kochideen, auf die mich meine vegetarischen Freundinnen und Freunde brachten. Und natürlich finden sich auch viele berühmte, im Original eher fleischlastige amerikanische Klassiker in meiner vegetarischen Version.

Lassen Sie uns also loslegen. Meine persönlichen Lieblingsrezepte erwarten Sie …

Enjoy!

Ihre

Inmele Erckenbrecht

Let's cook West!

Eine kurze Einführung in die nordamerikanische Küche

Die nordamerikanische Küche gibt es natürlich nicht – und kann es auch gar nicht geben, weil der amerikanische Kontinent bekanntlich ein Schmelztiegel ist, in dem sich unzählige kulturelle Einflüsse miteinander vermischen. Außerdem sind in einem so weitläufigen Land die klimatischen Bedingungen so unterschiedlich, dass sich aufgrund des jeweiligen Lebensmittelangebots regionale Besonderheiten geradezu zwangsläufig herausbilden müssen. Bei all diesen Unterschieden, von denen wir einige gleich noch etwas näher beleuchten werden, gibt es jedoch eine erstaunlich große Anzahl fester Größen, die von allen Beteiligten als »typisch amerikanisch« betrachtet werden.

Sehr viel mehr Einfluss als vielen heute vielleicht noch bewusst ist, hatte darauf die indianische Urbevölkerung, denn sie war nicht nur als Erste da, sondern kannte sich auch mit den natürlichen Gegebenheiten und einheimischen Pflanzen am besten aus und hatte bereits eine ganze Palette hochspezialisierter Anbau-, Ernte- und Verarbeitungsmethoden entwickelt, lange bevor die ersten europäischen Neuankömmlinge sich in den großen Schmelztiegel stürzen konnten. Dazu gehört beispielsweise der ökologisch vorbildliche, weil nachhaltige Anbau von Wildreis an den Seen im hohen Norden (siehe Seite 72) oder die Methode der »Nixtamalisation«, durch die Mais überhaupt erst zum Grundnahrungsmittel werden konnte, im Süden (siehe Seite 32).

Die Delikatessen der ersten Amerikanerinnen und Amerikaner

Bei einem Besuch des absolut sehenswerten, nach historischen Gesichtspunkten angelegten Schaugartens der Bio-Saatgut-Firma »Dreschflegel« im thüringischen Schönhagen hatte ich ein Aha-Erlebnis: wie viele Pflanzen, die wir heute ganz selbstverständlich zu unserem alltäglichen Lebensmittel-

Let's cook West!

angebot zählen, erst nach der Entdeckung des amerikanischen Kontinents unsere Kochtöpfe bereicherten! Und wie eingeschränkt, ja geradezu eintönig die europäische Nutzpflanzenpalette vor dieser umwälzenden Entdeckung gewesen sein muss! Mais, Kakao, Kürbis, Zucchini, Paprika, Chili, Wildreis, Sonnenblumen, Tomaten, Kartoffeln und vieles andere mehr – all diese leckeren Sachen kamen erst aus Amerika auf unsere Esstische.

Ebenso erstaunlich ist, welch bleibenden Einfluss die amerikanische Urbevölkerung nicht nur auf die US-amerikanische, sondern auch auf unsere europäische Küche letztlich nahm. So manches Gericht, das uns urvertraut und ganz und gar »unindianisch« erscheint – wie z. B. die gute alte Tomatensuppe –, ist in Wirklichkeit indianischen Kochtöpfen abgeschaut. Das Gleiche gilt für diverse Mais- und Tomatenspeisen sowie viele Bohnen- und Chiligerichte, bei denen wir uns nicht nur die Hauptzutaten, sondern oft auch die Zubereitungsart der amerikanischen Urbevölkerung zu eigen machten. Selbst den Popcorngenuss beim Kinobesuch verdanken wir den ersten Einwohnerinnen und Einwohnern Amerikas!

Kulinarische Aspekte spielten in der geschichtlichen Entwicklung eine große Rolle. Der Drang, die fade Mittelalterküche mit fremden Gewürzen aufzupeppen, war so groß, dass der Preis für diese wertvollen Gaumenkitzler enorm in die Höhe schnellte und die Suche nach einem direkten Seeweg zu den Gewürzländern auch finanziell lohnenswert erschien. In dem vermeintlichen Indien, auf das Kolumbus nach langem Segeltörn auf konsequentem Westkurs stieß, fand man eine so ungeahnte Abwechslung für den europäischen Speiseplan, dass die bis dahin alles beherrschende Gier nach Gewürzen an Substanz verlor. Vor allem aber fand man Massennahrungsmittel wie die Kartoffel, ohne die sich die industrielle Revolution in Europa wahrscheinlich erst sehr viel später hätte vollziehen können. Die Entdeckung Amerikas führte so nicht nur zum Ende der bis dahin bekannten europäischen Küche, sondern auch zum Ende des Mittelalters überhaupt.

Die amerikanische Urbevölkerung – von Kolumbus, dem bis zum Ende seines Lebens nicht bewusst wurde, wo er da eigentlich gelandet war, irrtümlich »Indianer« genannt – ernährte sich von den Gaben der sie umgebenden Natur, deren Nutzung und Zubereitung sie perfekt beherrschte. Mais, Bohnen und Kürbis, die »Göttlichen Schwestern« genannt, waren ihre Grundnahrungsmittel.

Die frühen europäischen Siedlerinnen und Siedler, die in einer ihnen völlig fremden Umwelt überleben mussten, waren auf das Know-how und die praktische Hilfe der Urbevölkerung angewiesen. Diese wiederum waren an den fremden Küchengeräten wie beispielsweise den Metalltöpfen der Europäerinnen und Europäer sehr interessiert. Der gegenseitige Austausch in Küchendingen verlief deshalb äußerst rege. Zwischen der »indianischen« und der »weißen« Küche lässt sich deshalb heute oft keine klare Grenze mehr ziehen. Trotzdem gibt es natürlich etliche Gerichte, die eindeutig der Tradition der *Native Americans* zugerechnet werden können – einige davon sind auch in diesem Buch vertreten, z.B. »*Blueberry Wild Rice*« (siehe Seite 154) oder »*Indian Fried Bread*« (siehe Seite 114).

Alte Welt trifft Neue Welt: das erste Thanksgiving

Zur ersten relativ gut dokumentierten Begegnung der beiden Kochtraditionen kam es im Herbst 1621, als die bei Plymouth Rock in Massachusetts gestrandeten Pilgermütter und -väter zusammen mit den einheimischen Wampanoag, ohne deren Hilfe sie nicht hätten überleben können, ein dreitägiges »Danksagungsfest« feierten. Dieses historische Festmahl, dem am Ort des Geschehens sogar ein eigenes Museum gewidmet ist, hat sich so tief in das kollektive Gedächtnis eingegraben, dass sowohl die USA als auch Kanada darauf bis heute ihren offiziellen Thanksgiving-Feiertag gründen (siehe Seite 131).

Das Schöne am ersten Thanksgiving: Einige der Teilnehmenden notierten sich die Speisekarte, sodass wir ziemlich genau wissen, was in der illustren Multikulti-Runde damals so alles verzehrt wurde. Aus diesen Notizen wurde im Laufe der Jahrhunderte dann so etwas wie eine heilige Speisenfolge, die bis heute Jahr für Jahr am vierten Donnerstag im November im Kreise der Großfamilie beim berühmten Thanksgiving-Dinner zelebriert wird. Darüber hinaus zählen die einzelnen Gerichte jedes für sich zum festen Kanon typisch amerikanischer Küchenspezialitäten. Sie können sie gern alle oder einzeln nachkochen, denn die Rezepte für gebackene Süßkartoffeln (siehe Seite 144), Cranberrysauce (siehe Seite 147), süßen Kürbiskuchen (siehe Seite 171) und das indianische Gericht *Sautauthig* (siehe Seite 33) finden Sie vollständig in diesem Buch versammelt – und für den damals verspeisten Truthahn natürlich eine vegetarische Alternative (siehe Seite 130).

Zwei wesentliche Dinge verkörpert dieses erste Thanksgiving für mich sehr deutlich: zum einen die geradezu naive Arglosigkeit, mit der die amerikanische Urbevölkerung den bleichgesichtigen Eindringlingen anfangs begegnete. Ihre Hilfsbereitschaft wurde denkbar schlecht vergolten und es dauerte lange, bis ihre so ganz anders strukturierte Gesellschaft der Lawine, die sie am Ende überrollen und weitgehend vernichten sollte, überhaupt so etwas wie einen organisierten Widerstand entgegensetzen konnte.

Zum Zweiten zeigt sich schon in dieser Begegnung die typisch amerikanische Neigung zum bunten *Potluck Dinner,* zu dem alle Gäste etwas aus der eigenen Küche beisteuern. Auch wenn dies meist gar nicht weiter vorgeplant wird, ergibt sich in so gut wie allen Fällen ein reizvolles Potpourri. Charakteristisch ist dabei bis heute vor allem das selbstverständliche Nebeneinander von süßen und herzhaften Zutaten und Gerichten.

Eine besonders große Rolle spielt das Vorbeibringen von Speisen in den USA übrigens in der Nachbarschaft, z. B. nach so einschneidenden familiären Ereignissen wie der Geburt eines Kindes oder einem Todesfall – eine Tradition, die mich schon mehrfach zutiefst beeindruckte. Man selbst ist ja in solchen existentiellen Situationen so mit sich selbst beschäftigt, dass man kaum ans Essen oder gar ans Kochen denkt. Wie gut, dass dann die Nachbarinnen und Nachbarn klingeln und einfach ein Blech Kuchen oder einen vorgebackenen Auflauf an der Haustür abgeben. Sie wissen, wie wichtig es ist, dass man jetzt wenigstens etwas Vernünftiges in den Magen bekommt, und im umgekehrten Fall revanchiert man sich dann mit einer ähnlichen Gabe. Für mich eine der schönsten Seiten Amerikas!

Mit dem Küchenwagen unterwegs in Richtung Westen

Die ersten Einwanderinnen und Einwanderer kamen aus Spanien, Frankreich und England nach Amerika, erst ab der Mitte des 18. Jahrhunderts auch aus dem deutschsprachigen Europa und aus Irland. Landhunger, Abenteuerlust und Expansionsdrang ließen sie weitere 100 Jahre später in immer größeren Trecks nach Westen über die Great Plains und schließlich über die Rocky Mountains ziehen. 1855 sollten sich um die 55 000 Menschen auf die gefährlichen Trails begeben.

Let's cook West!

Nach dem Trailboss war der Koch eine der wichtigsten Personen in diesen Trecks. In seinem *Chuck Wagon*, einem von vier Pferden gezogenen Küchenwagen, führte er haltbare Lebensmittel wie Schiffszwieback, getrocknete Bohnen, Maismehl und Trockenfrüchte mit. (»Chuck« war damals ein umgangssprachlicher Ausdruck für Essen.)

Bohneneintöpfe und Ragouts (siehe z. B. Seite 67), *Bread Pudding* (siehe Seite 152) und diverse Pies (siehe z. B. Seite 121) gehörten zu den typischen, bis heute populären Gerichten der Pionierzeit.

Texmex: scharfe Sachen in Southwest

Dass der heutige Südwesten der USA von Kalifornien über Texas, New Mexico und Arizona lange Zeit zu Mexiko gehörte, ist auch am mexikanischen Einfluss auf die dortige Küche bis heute deutlich zu spüren. Nachdem US-amerikanische Truppen diese Gebiete 1848 im Mexikanisch-Amerikanischen Krieg eroberten, entstand dort eine interessante »Fusionsküche«, die heute mit dem aus den Worten »Texas« und »Mexiko« zusammengesetzten Begriff »Texmex« bezeichnet wird.

Ursprünglich war »Tex-Mex« der Spitzname für die Texanisch-Mexikanische Eisenbahn, später verwendete man ihn für in Texas lebende Menschen mexikanischer Abstammung. Erst seit den 1970er-Jahren wurde der Begriff durch einschlägige Kochbücher als Bezeichnung für die Regionalküche im Südwesten der USA zunehmend populär.

Typisch sind scharfe Gewürze wie Chili, Paprika, Kreuzkümmel (Cumin) und Koriander, aber auch Bohnen und die »Tortillas« genannten, aus ausgerolltem Teig gebratenen Fladen, die in Mexiko aus Mais, in der Texmex-Küche aber häufiger aus Weizen hergestellt werden.

Mit den Tortillas, die sich je nach Zubereitungsart in Nachos, Tacos, Burritos oder Fajitas verwandeln (siehe Seite 124), lässt sich herrlich experimentieren. Probieren Sie meine »*Tacos Three Amigos*« (siehe Seite 138) und »*Black Bean Burritos*« (siehe Seite 137), aber auch moderne Variationen wie »*Sweet Tacos*« mit gebratenen Bananen (siehe Seite 153). Das bekannteste Gericht der Texmex-Küche ist allerdings das *Chili con carne*, das in diesem Buch natürlich »Chili *sin* carne« heißt (siehe Seite 123).

Let's cook West!

Französische Anklänge bei den Cajuns in Louisiana

Eine äußerst spannende Bevölkerungsgruppe mit eigener Regionalküche sind die französischsprachigen Cajuns im Bundesstaat Louisiana. Sie kamen im 18. Jahrhundert aus der ostkanadischen Provinz Acadie, aus der sie nach dem Britisch-Französischen Krieg von den siegreichen Briten vertrieben wurden. Ursprünglich wurden sie daher »Acadians« genannt, was sich im Laufe der Zeit zu »Cajuns« abschliff. Nach langer Irrfahrt siedelten sie sich in Louisiana an, wo damals noch ein französischer Gouverneur regierte. Erst 1803 verkaufte Napoleon ganz Louisiana an die USA.

Die Cajuns lebten lange völlig zurückgezogen in den schwer zugänglichen Sumpfgebieten des Mississippi-Deltas, in denen langsam fließende oder stehende Gewässer, die berühmten Bayous, ihnen häufig als einzige Verkehrswege dienten. Aufgrund dieser Abgeschiedenheit konnten sie ihre besondere Kultur, ihre Sprache, ihre Musik und ihre Küche weitgehend bewahren.

In den 1930er-Jahren wurde dann in Louisiana Öl gefunden, die Cajuns wurden zur Anglisierung gezwungen, wegen ihres eigentümlichen Akzents und ihrer »hinterwäldlerischen« Lebensweise ausgelacht und diskriminiert. Erst in den 1970er-Jahren wurde vielen klar, was für einen Schatz man an den Cajuns hatte. Ihre Kultur wurde geschützt, Französisch in Louisiana zur zweiten Amtssprache erklärt, Straßenmusikerinnen und -musiker auf der ganzen Welt spielten plötzlich Cajun-Musik und die Spezialitäten der Cajun-Küche kamen groß in Mode. Während einer sehr eindrücklichen Reise ins Mississippi-Delta hörte ich tatsächlich immer wieder französische Klänge und auch die englische Umgangssprache in dieser Gegend ist mit französischen Ausdrücken gespickt.

Natürlich ist nicht alles, was heute an Saucen, Chutneys und Gerichten unter der Bezeichnung »Cajun« vermarktet wird, auch wirklich authentisch. Als echte Cajun-Traditionsgerichte gelten jedoch *Gumbo*, *Jambalaya* und *Dirty Rice*, die ich – in jeweils vegetarischer Version – auch in diesem Buch vorstelle (siehe Seiten 128, 132 und 107). Reis wird seit der Mitte des 19. Jahrhunderts in größerem Stil in Louisiana angebaut.

Cajun-Gerichte kommen traditionell schon ziemlich scharf auf den Tisch. Zusätzlich stehen überall die in Louisiana erfundene und auf der Mississippi-Insel Avery Island hergestellte Tabascosauce (siehe Seite 127) und

Let's cook West!

andere Chilisaucen zum Nachwürzen bereit. Gemüse spielt eine große Rolle. Als »Heilige Dreifaltigkeit« der Cajun-Küche gelten in Fett geschmorte Gemüsepaprika, Zwiebeln und Staudensellerie. Sie bilden die Grundlage vieler Gerichte. Okraschoten, Bohnen, Tomaten und Süßkartoffeln sind weitere beliebte Zutaten. Typisch ist auch eine dunkelbraun gerührte Mehlschwitze mit der französischen Bezeichnung »roux«.

Soul Food: afroamerikanische Seelenkost

Die Küche des amerikanischen Südens war von jeher aufwendiger als die des Nordens. Sklavinnen und Sklaven sowie später zu niedrigen Löhnen angestellte Haushaltshilfen konnten mit der stundenlangen Zubereitung reichhaltiger Mahlzeiten beauftragt werden. Manchmal kreierten sie dabei Spezialitäten, die später als Klassiker in den kulinarischen Kanon eingingen. Ein schönes Beispiel dafür ist der *Key Lime Pie* (siehe Seite 179), den eine geniale Köchin namens Aunt Sally im Haushalt des weißen Millionärs William Curry auf Key West erfunden haben soll. Wie viele floridianische Spezialitäten ist ihr göttlicher Limonenkuchen von fruchtigen Zutaten geprägt. Weitere Beispiele sind *Key Largo Wake-up Call* (siehe Seite 41) und *Fort Myers Mango Shake* (siehe Seite 42).

In den *Cabins* der Sklavinnen und Sklaven entwickelte sich parallel dazu eine charakteristische Küche, die all das verarbeitete, was der Herrschaft nicht fein genug war und deshalb für die Schwarzen übrig blieb. Dazu gehörten vor allem weniger beliebte Fleisch- und Geflügelstücke sowie die Innereien – nicht gerade vegetarische Leckerbissen … Hinzu kamen aber auch Gemüsearten aus der afrikanischen Tradition wie Erdnüsse, Okraschoten, Süßkartoffeln, Auberginen und Bananen, die lange Zeit nur für die afroamerikanische Bevölkerung (oder in eigenen kleinen Gärten auf manchen Plantagen von ihnen selbst) angebaut wurden, heute aber fest zur US-amerikanischen Küche gehören.

Soul Food ist nahrhaft, weich und häufig süß – etwas für die Seele eben. Typische Soul-Food-Speisen finden Sie auch in diesem Buch, z. B. *Peach Cobbler* (siehe Seite 155), *Banana Bread* (siehe Seite 169) und *Hoppin' John* (siehe Seite 129).

Let's cook West!

Staatsmuffins, Cranberrys und Ahornsirup aus Neuengland

Wie stark das Bewusstsein für die jeweiligen Regionalküchen mit ihren typischen Gerichten und Zutaten ist, zeigt sich auch in der Tradition, einzelne Speisen zum »offiziellen Staatsgebäck« (z. B. der Apfelmuffin im Staat New York, siehe Seite 186) oder zur »offiziellen Staatspflanze« (z. B. Wildreis in Minnesota oder die Kartoffel in Idaho) zu erklären. Auch hier vermitteln die in allen US-Bundesstaaten gleichermaßen verbreiteten Fast-Food-Ketten auf den ersten Blick ein eher schiefes Bild. Dahinter ist deutlich die identitätsstiftende Kraft regionaler Produkte zu spüren, die in den jeweiligen Gegenden dann auch allgegenwärtig zum Einsatz kommen.

Weil die europäische Besiedlung an der Nordostküste am weitesten zurückreicht, gehört die neuenglische Küche unbestritten zu den ältesten Regionalküchen der USA. Sie ist eindeutig eher angelsächsisch geprägt, während im Süden vor allem noch französische, spanische und afrikanische Einflüsse spürbar sind.

In der neuenglischen Küche spielen Ahornsirup und Cranberrys naturgemäß eine besonders große Rolle (siehe Seiten 47 und 146). Schon die indianische Urbevölkerung sammelte und verdickte den Saft des Zuckerahorns, erntete und trocknete Cranberrys. Gleich beim ersten Thanksgiving servierte sie ihre Cranberrysauce (siehe Seite 147) und gab ihr Wissen über die Zubereitung von Ahornsirup und Cranberrys weiter. In unzähligen Rezepten sind beide Zutaten bis heute prägend. Kochen Sie sie nach und staunen Sie über die breite Vielfalt an Zubereitungsmöglichkeiten!

Die wichtigste Obstart der Region ist aber zweifellos der Apfel. Aus Apfelsaft gewonnener *Cider* ist ein beliebtes Getränk und der bereits erwähnte Apfelmuffin ist tatsächlich eine Art Nationalspeise. Sehr schön sind aber auch ungewöhnliche Kombinationen wie Apfel mit Süßkartoffel und Orange (siehe Seite 145). So schmeckt der Nordosten fruchtig und frisch!

Let's cook West!

American Heartland – der Mittlere Westen

Von den Big Lakes an der Grenze zu Kanada über Ohio und Minnesota bis hinunter nach Missouri erstreckt sich der Mittlere Westen *(Midwest)*, der auch als *American Heartland* bezeichnet wird. Tatsächlich liegt diese riesige Region im Herzen der USA, ohne Zugang zum Meer.

An den Ufern der großen Seen wird seit jeher Wildreis kultiviert, Blaubeeren sind eine weitere Spezialität. Weiter südlich entstanden mit der europäischen Besiedlung enorm große Ackerflächen – Weizen-, Mais- und Sojabohnenfelder, so weit das Auge reicht. Eine kleine Farm in Hammond, Illinois, ist die Heimat meiner Schwiegerfamilie. Viele unserer Familienrezepte spiegeln das bäuerliche Umfeld wider. Bis heute biegen sich die Tische bei Familientreffen unter mitgebrachten, selbst zubereiteten Speisen. Viele Tanten, Onkel und Cousinen haben ihre ganz besonderen Spezialitäten, und alle bestehen darauf, dass zur nächsten Zusammenkunft auch genau diese wieder mitgebracht werden.

Im Nachbarort Arthur, dem Heimatdorf meines Schwiegervaters, prägt bis heute die Glaubensgemeinschaft der Amish mit ihren Windrädern, von Pferden gezogenen Pflügen und geschlossenen schwarzen Kutschen *(buggys)* das Bild. Die Amish verzichten auf Elektrizität, Autos und Telefone, sprechen untereinander einen alten deutschen Dialekt, zahlen keine Steuern und leisten keinen Wehrdienst. Ihre auf lokalen Märkten erhältlichen Lebensmittel, vor allem die Brotsorten, gelten als besondere Spezialitäten. Dillbrot und Sauerkrautbrot (siehe Seiten 167 und 166) sind dafür leckere Beispiele. Der sehenswerte, oscargekrönte Film »Der einzige Zeuge« mit Harrison Ford hat die Amish weltweit bekannt gemacht und ihnen ein schönes Denkmal gesetzt.

California Dreaming

Die sonnige Westküste der USA war schon immer ein Sehnsuchtsziel. Unzählige Trecks aus Europa stammender Siedlerinnen und Siedler zogen dem Sonnenuntergang entgegen. In der Mitte des 19. Jahrhunderts sorgte der Goldrausch in dem bis heute mit Abstand bevölkerungsreichsten US-Bundesstaat für eine gewaltige Zuwanderung. Längst nicht alle fanden ihr

Glück in den Goldminen, blieben aber trotzdem dort, weil sich die klimatischen Bedingungen für die Landwirtschaft als geradezu ideal erwiesen. Baumwolle, Gerste, Weizen, Mais, Reis, Hafer, Bohnen, Zuckerrüben, Südfrüchte, Nüsse und viele wärmeliebende Gemüsearten wie Avocados, Artischocken und Auberginen werden dort im großen Stil und zunehmend auch in Bioqualität angebaut. Berühmt ist auch der kalifornische Wein. Etwa 90 Prozent des gesamten US-Weins wird in Kalifornien erzeugt. Legendär sind die Verkostungen in den vielen erstklassigen Bio-Winzereien.

Ende der 1960er-Jahre wirkte die in Kalifornien besonders starke Hippie-Kultur als wahrer Zuwanderungsmagnet. Die Blumenkinder bevorzugten naturbelassene Lebensmittel, Vollkornprodukte und eine fantasievolle Gemüseküche. Sie erfanden die supergesunden Obst-und-Gemüse-»Smoothies«. Und der von den vielen asiatischen Einwanderinnen und Einwandern mitgebrachte Tofu zog mit ihrer Hilfe in die westliche Küche ein.

1971 eröffnete Alice Waters in der Universitätsstadt Berkeley ihr Restaurant *Chez Panisse* und begründete damit die berühmte »California Cuisine«. Von Anfang an setzte sie sich für die konsequente Verwendung frischer und regionaler Zutaten ein. Durch sie angeregt und ermutigt, stellten zahlreiche Farmen auf ökologischen Anbau um. Öko-Käsereien, Bio-Bäckereien und andere ökologische Betriebe schossen aus dem Boden. Ihr Kochbuch »Chez Panisse Cooking« gilt als Bibel der US-amerikanischen Vollwertszene. Heute setzt sich Alice Waters vor allem für eine bessere Ernährungserziehung von Kindern ein. Sie rief das »Edible Schoolyard«-Programm ins Leben, das sich für mit Bionutzpflanzen begrünte Schulhöfe engagiert. Schon in den 1970er-Jahren war Kalifornien also ein Veggie-Paradies mit einem schier unerschöpflichen Angebot an den unterschiedlichsten Obst-, Salat- und Gemüsesorten. Die Musikerin Jenny Sandhaas, die 1977 aus Kalifornien nach Deutschland zog, erzählte mir, sie habe einen echten Schock erlitten, als sie hier »nichts außer Kopfsalat« fand. (Zum Glück hat sich seitdem auch bei uns unendlich viel getan!)

Anfang der 1980er-Jahre begründeten die Biobauern Jan Vander Tuin und Trauger Groh in den USA die sogenannte »Community Supported Agriculture, CSA« (= Landwirtschafts-Gemeinschafts-Höfe). Die Idee bringt Biobauernhöfe und Verbraucherinnen und Verbraucher in einer direkten Partnerschaft zusammen. Gegen eine Abnahmegarantie (z. B. für sechs Monate oder ein Jahr) für die Produkte des Hofes erhalten die Beteiligten Einblick und Einfluss auf die kontrolliert biologische oder biologisch-dynamische landwirtschaftliche Produktion. Sie sind Mitglieder einer Gemeinschaft, die hilft, die Existenz der Biohöfe zu sichern und gleichzeitig den lokalen Konsum landwirtschaftlicher Produkte zu fördern. Als gegenseitige Vereinbarung gilt: »Der Hof ernährt die Menschen, die Menschen unterstützen den Hof und teilen die damit verbundenen Risiken, die Verantwortung und die Ernte.« Im Laufe der Zeit ist aus dieser Idee ein starkes Netzwerk erwachsen, eine dynamische Gegenkultur zur industriellen Landwirtschaft. Mit Hilfe eines übersichtlichen Suchsystems im Internet lässt sich in vielen Landesteilen eine Farm in der Nähe des eigenen Wohnorts finden. 2007 gab es laut US-Landwirtschaftsministerium in den USA bereits 12 500 CSA-Betriebe. Der größte ist »Farm Fresh To You« in Capay Valley, California, mit sage und schreibe 13 000 Mitgliedern.

Zusätzlich findet sich in nahezu allen Orten an der US-Westküste eine geradezu unübersehbare Anzahl vegetarischer und veganer Restaurants, ökologischer Land- und Gartenbaubetriebe, *Farmers' Markets* und Bioläden. Absolute Hochburgen sind Seattle mit unzähligen vegetarischen Gruppen, Aktivitäten und Lokalen – und natürlich San Francisco.

»If you come to San Francisco …«

Die atemberaubend schön an der San Francisco Bay gelegene Weltstadt kann mit Fug und Recht als Mutter aller Schmelztiegel gelten. Einwanderinnen und Einwanderer aus nahezu allen Teilen der Welt hinterließen hier ihre kulinarischen Spuren. Schon während eines kurzen Urlaubs dort kam ich aus dem Staunen über das vielfältige Angebot nicht mehr heraus. Sie könne, wenn sie wolle, an jedem Tag im Jahr in ein Restaurant mit anderen ethnischen Wurzeln gehen, berichtete mir eine in San Francisco lebende Kollegin. Auch die über 200 *Coffee Houses,* in denen sich künstlerische ebenso wie politische Aktivistinnen und Aktivisten tummeln, sind ein wichtiger Teil dieser pulsierenden, urbanen Kultur.

Die leichte, frische Küche von San Francisco und der sie umgebenden Bay Area gilt als eine der besten der USA. Seit 2006 gibt es eine eigene Ausgabe des »Guide Michelin«, die ausschließlich der San Francisco Bay gewidmet ist.

Let's cook West!

Auch auf vegetarischem Gebiet ist San Francisco federführend. Als erste Stadt in den USA griff sie das von Ex-Beatle Paul McCartney initiierte Konzept eines vegetarischen Wochentags auf. 2010 erklärte der Stadtrat in einer Resolution den Montag zum »Vegetarian Day« und forderte alle Restaurants, Supermärkte und Schulen von höchst offizieller Seite auf, ihr vegetarisches Angebot auch an anderen Wochentagen deutlich auszuweiten.

San Francisco als Gastgeber des Weltkongresses der Internationalen Vegetarierunion 2012 – angesichts dieses Engagements erscheint das nur logisch! Mehr denn je ist San Francisco also eine Reise wert. Bringen Sie viel kulinarischen Entdeckergeist mit und: »*... be sure to wear some flowers in your hair!*«

Washington und Ithaca

Aber nicht nur an der Westküste, sondern auch in vielen anderen Landesteilen der USA findet der vegetarische Lebensstil immer mehr Verbreitung. Als zweite US-amerikanische Stadt verkündete Washington, D.C. einen vegetarischen Wochentag. Der Stadtrat votierte einstimmig für einen entsprechenden Beschluss und machte auf die besonderen Vorteile pflanzenbasierter Kost aufmerksam.

Ähnliches gilt für viele andere Orte im US-amerikanischen Osten, beispielsweise in Bundesstaaten wie Vermont, Maine oder New York. Als treibende Kraft bei der Entwicklung und Verbreitung einer anspruchsvollen und doch alltagstauglichen vegetarischen Küche wurde das *Moosewood Restaurant* in Ithaca, New York, weltberühmt. Das seit seiner Eröffnung 1973 an der gleichen Stelle von einem 19-köpfigen Kollektiv geführte Kultlokal wurde von der Zeitschrift »Bon Appetit« zu einem der weltweit dreizehn einflussreichsten Restaurants des 20. Jahrhunderts gewählt. Auch bei den Studentinnen und Studenten der in Ithaca beheimateten Cornell University, an der auch mein Mann studierte, ist das Restaurant natürlich Kult. Plätze in dem historischen Backstein-Schulgebäude im Zentrum des sehr malerisch an der Südspitze des Cayuga Lake gelegenen Universitätsstädtchens sind heiß begehrt und müssen weit im Voraus reserviert werden. Zum Glück hat das Mousewood-Kollektiv bereits elf erfolgreiche Kochbücher herausgebracht, nach denen sich die Spezialitäten des Restaurants zu Hause sehr gut nachkochen lassen. Mindestens einer der Bände findet sich in zahlreichen Kochbuchregalen in allen Teilen der USA.

Gleiches gilt für die Bücher von Mollie Katzen, einer der erfolgreichsten und einflussreichsten Kochbuchautorinnen aller Zeiten, die in den 1970er-Jahren ebenfalls aus dem Moosewood-Kollektiv in Ithaca hervorgegangen ist. Sie lehrt heute an der Harvard University, schreibt aber nach wie vor ihre berühmten vegetarischen Kochbücher mit wunderschönen Titeln wie: »Der verzauberte Brokkoliwald«, »Der verliebte Pfannkuchen« oder »Der wunderbare Tomatensee«.

The United States of Veggies

Eine 2008 von der Zeitschrift »Vegetarian Times« bei einem renommierten Meinungsforschungsinstitut in Auftrag gegebene Umfrage »Vegetarianism in America« ergab, dass über 7 Millionen oder rund 3 Prozent aller erwachsenen US-Amerikanerinnen und Amerikaner vegetarisch leben. Zusätzliche 23 Millionen gaben an, sich »größtenteils vegetarisch« zu ernähren und

12 Millionen oder rund 5 Prozent waren an einer vegetarischen Ernährung für die Zukunft »definitiv interessiert«.

Wir können davon ausgehen, dass die Zahlen seitdem noch einmal erheblich gestiegen sind. »Der vegetarische Sektor gehört zu denen, die am schnellsten wachsen«, sagt Elizabeth Turner, Chefredakteurin der seit über 30 Jahren mit ständig steigenden Auflagen erscheinenden »Vegetarian Times«. Ein Grund dafür ist sicherlich auch das 2009 erschienene, in den USA und international äußerst erfolgreiche und einflussreiche Buch »Eating Animals« (deutscher Titel: »Tiere essen«) des aus Washington, D.C. stammenden Autors Jonathan Safran Foer. Der ehemalige Fleischesser setzt sich darin anlässlich der Geburt seines Sohnes mit der industrialisierten Fleischproduktion auseinander und plädiert für einen vegetarischen Lebensstil.

Eine weitere wichtige vegetarische Zeitschrift ist das »Vegetarian Journal«, herausgegeben von der »Vegetarian Resource Group« (VRG) mit Sitz in Baltimore, Maryland. Auf der Website dieser rührigen Institution ist eine Fülle an hilfreichen Informationen versammelt. Zahlreiche Bücher und Broschüren ergänzen das Angebot. Ein guter Tipp für alle USA-Reisenden: Man kann dort einen umfangreichen Führer mit vegetarischen Restaurants bestellen oder auf der VRG-Website nach vegetarischen Restaurants suchen. (Andere Websites mit vegetarischer Restaurantsuche sind z. B. »HappyCow« und »VegDining«; Links zu diesen und allen anderen genannten Websites finden Sie am Ende des Buches auf Seite 192.) Und für alle jungen Leute auf der Suche nach internationalen Betätigungsfeldern: Praktikantinnen und Praktikanten aus aller Welt sind bei der VRG stets willkommen, wie mir Leiter Charles Stahler ausdrücklich auftrug auszurichten.

Auch die »International Vegetarian Union« (IVU) hält auf ihrer Website vielfältige Informationen über vegetarische Aktivitäten in den ein-

Let's cook West!

★ ★

zelnen US-Bundesstaaten bereit. Ihre US-amerikanische Sektion ist die »American Vegetarian Society«, die es schon seit 1850 gibt. Heute heißt sie »North American Vegetarian Society«, hat ihren Sitz in Dolgeville, New Jersey, daneben aber auch viele regionale Gruppen mit einer großen Bandbreite unterschiedlichster Aktivitäten. Darüber hinaus gibt sie die Zeitschrift »Vegetarian Voice« heraus und organisiert jeden Sommer eine viertägige Tagung mit Hunderten von Teilnehmerinnen und Teilnehmern, hochkarätigen Vorträgen, attraktiven Freizeitevents und einem rauschenden Sommerfest.

Zu den größten Regionalgruppen gehören die »Vegetarian Society of the District of Columbia«, die »Vegetarian Society of Hawaii«, die »San Francisco Vegetarian Society« und die »Vegetarian Society of El Paso«. Ein schönes Beispiel für eine besonders aktive Gruppe ist die von Dilip Barman geleitete »Triangle Vegetarian Society« in North Carolina. Jahr für Jahr veranstaltet sie das größte vegetarische Thanksgiving-Fest der Welt. »Letztes Mal kamen die Leute aus sieben Bundesstaaten. Natürlich waren Presse und Fernsehen da, und wir waren sogar in den Abendnachrichten«, berichtete mir Dilip, selbst ein begnadeter Koch mit eigenem »Küchen-Blog«. Logisch, dass er mir, als er von meinen Buchplänen erfuhr, sofort ein Lieblingsrezept mit schönem Gruß an die *German Veggies* schickte (siehe Seite 140).

Alle genannten Organisationen engagieren sich für einen vegetarischen oder veganen Lebensstil. Für Veganerinnen und Veganer gibt es außerdem noch die eigenständige »American Vegan Society« und die sehr aktive Organisation »Vegan Outreach«.

Ebenfalls in den USA beheimatet ist PETA (People for the Ethical Treatment of Animals), mit mehr als zwei Millionen Mitgliedern und Unterstützerinnen und Unterstützern weltweit die größte Tierrechtsorganisation, die mit brisanten, öffentlichkeitswirksamen Aktionen immer wieder Aufsehen erregt. Die inzwischen in vielen Ländern der Welt für Tierrechte und einen veganen Lebensstil agierende Organisation wurde 1980 unter anderem von Ingrid Newkirk in Norfolk, Virginia, gegründet, wo sich auch heute noch ihr Hauptsitz befindet. Auch hier können interessierte Menschen Praktika machen und in einem spannenden Umfeld wertvolle Erfahrungen sammeln. Legendär sind die vielen Restaurants in Norfolk, die wegen der Nähe zu PETA ein vielfältiges Angebot an veganen Gerichten bieten.

Das Essen sei so reichhaltig und gut, dass die meisten Neuankömmlinge im Durchschnitt 15 (amerikanische) Pfund zunehmen, das seien dann die berühmten »PETA 15«, erzählte mir der ehemalige PETA-Trainee Sebastian Zösch, heute Geschäftsführer beim Vegetarierbund Deutschland (VEBU), und fügte hinzu: »Diesen ungeheuren Elan bei PETA und überhaupt in der ganzen US-Veggie-Szene mitzuerleben, hat mir großen Spaß gemacht und mich enorm motiviert. Ich habe in den USA viel gelernt, was mir bei der weiteren Professionalisierung des VEBU sehr geholfen hat.«

Bei der Gestaltung von Plakaten und Broschüren setzt PETA ebenso wie andere vegetarische Organisationen gern auf Prominenz. Zahlreiche US-Stars engagieren sich für den vegetarischen Lebensstil, darunter Clint Eastwood, Joan Baez, Richard Gere, Diane Keaton, Dustin Hoffman, Natalie Portman, Robert Redford und Oliver Stone. Der Schauspieler Alec Baldwin z. B., um nur einen von vielen zu zitieren, appelliert an seine Landsleute: »Jedes Mal, wenn wir uns zum Essen hinsetzen, treffen wir eine Entscheidung. Bitte entscheiden auch Sie sich für die vegetarische Ernährung. Tun Sie es für die Tiere, tun Sie es für die Umwelt – und tun Sie es für Ihre eigene Gesundheit.«

Jenseits aller Vorurteile

Die vegetarische Szene in den USA ist also groß, vielfältig und quicklebendig. Wenn ich von meinem vegetarischen USA-Kochbuch erzähle, begegnet mir trotzdem immer mal wieder ein Vorurteil: »Aber die essen da doch nur Hamburger und Steaks!«

Ich berichte dann gern von einem Artikel, den ich im »Zentralorgan« der amerikanischen Veggies, der monatlich in hoher Auflage erscheinenden und in allen Landesteilen in Buchläden und an Kiosken erhältlichen »Vegetarian Times«, gelesen habe. Eine Autorin schrieb, aus beruflichen Gründen habe sie mit ihrer Familie ein Jahr nach Deutschland ziehen müssen. Um sie herum seien daraufhin alle Bekannten und Verwandten in Entsetzensschreie ausgebrochen. »Ach, ihr Armen! Die essen da doch nur Bratwurst und Schnitzel!«

Die Gemüter besänftigend, schrieb die Autorin, nein, nein, so schlimm wie befürchtet sei es nicht gewesen, auch in Deutschland gäbe es Vegetarierinnen und Vegetarier und diverse Läden und Restaurants, in denen man gute vegetarische Lebensmittel und Speisen bekommen könne. Staunend las es das US-vegetarische Publikum …!

Das Beispiel zeigt: Vorurteilen sollten wir nie vertrauen. Sie zeichnen immer ein schiefes Bild. So wie hier die Filialen amerikanischer Fast-Food-Ketten, verstärken auch dort deutsche Restaurants mit Namen wie »*German Schnitzelhaus*« das gängige Klischee. Doch so wie uns hierzulande neben Bratwurst und Schnitzel eine gesunde, leckere und vegetarische Vielfalt offensteht, so gibt es auch in den USA sehr wohl ein aktives, lebendiges, in stetem Wachstum begriffenes und sehr sympathisches Leben jenseits von Hamburgern und Steaks.

Am treffendsten formulierte es ein exzentrisch gekleideter Tierschützer, den ich in Tampa, Florida, an einer belebten Kreuzung stehen sah. Um den Bauch trug er ein großes Schild mit der Aufschrift: »*If you still eat animals – try this!*« (»Wenn du noch immer Tiere isst, probier mal dies!«) Dazu verteilte er Zettel mit vegetarischen Rezepten an die verblüfften Autofahrer. Als ich mich durchs offene Autofenster als Vegetarierin aus Deutschland zu erkennen gab, lachte er und sagte: »*There are kindred souls everywhere.*« (»Verwandte Seelen gibt es überall.«)

Recht hat er! Möge dieses Buch mithelfen, seiner Erkenntnis zum Durchbruch zu verhelfen! (Seine zitronige Zucchini-Linsen-Suppe finden Sie auf Seite 66.)

Big Breakfast

Wer, so wie ich, für sein Leben gern frühstückt, ist morgens in den USA sehr gut aufgehoben. Die Frühstückspalette reicht von herzhaften Eierspeisen und den verschiedensten Arten von Bratkartoffeln über süße Pfannkuchen, Waffeln und Hefeschnecken bis zu knusprigen Frühstücksflocken und warmen Getreidebreien, frischem Obst, Toast, Marmelade, Muffins, Bagels, und, und, und …

Auch wenn die Vielfalt anfangs durchaus verwirren kann – das Schöne ist: Für jede/n ist etwas dabei. Natürlich wird im Alltag nicht immer alles aufgetischt, je nach individueller Vorliebe bildet sich eine bestimmte Auswahl heraus. Doch am Wochenende und wenn es mit der Familie oder mit Freunden zum Frühstücken geht, kommen die raffinierteren Variationen zum Zuge und es gilt, aus dem großen Angebot das Passende auszuwählen.

Auf jeden Fall ist das Frühstück in den USA eine echte Hauptmahlzeit und wird oft warm gegessen. Deshalb wird das Frühstück nach dortigem Verständnis auch »gekocht«. Über einen vorbildlichen Ehemann heißt es dann schon mal: »*He cooks her breakfast every morning.*« (»Er kocht ihr jeden Morgen Frühstück.«) Wer würde da nicht neidisch sein …?

Getrunken wird zum Frühstück übrigens fast immer Kaffee, selten Tee oder Kakao, und natürlich möglichst frischer Fruchtsaft. Der Kaffee ist wesentlich dünner als der europäische. Damit alle Beteiligten trotzdem auf den gewünschten Koffeinpegel kommen, wird unaufhörlich nachgeschenkt – auch in Cafés und Restaurants, wo der »*free refill*« (kostenlose Nachschlag) in der Regel selbstverständlich ist (auch für andere Getränke).

Instant Oatmeal
Schneller Haferbrei

Amerikas Antwort auf den britischen Porridge – als Hot Cereal *unter den Top 10 der beliebtesten amerikanischen Frühstücksspeisen.*

200 g feine Haferflocken
1 l Wasser
1 Prise Salz
4 EL Schlag- oder Sojasahne
2 EL Vollrohrzucker
500 g frisches Obst, klein geschnitten
Milch oder Sojadrink nach Belieben

Haferflocken mit dem Wasser und Salz aufkochen und unter gelegentlichem Rühren 5 Minuten ausquellen lassen. Mit Sahne und Zucker verrühren. Den Haferbrei in vier tiefe Teller geben und um den Rand Obststücke legen. Nach Geschmack mit Milch oder Sojadrink übergießen.

Variationen:
- Großzügig mit Zimtzucker bestreuen.
- Nüsse und Ahornsirup in den Brei rühren.
- Himbeeren und etwas Honig oder Agavensirup mit dem Kartoffelstampfer zerdrücken und auf den Brei geben.

Big Breakfast

Hot Heart Cereal with Oatbran and Flax Seed Oil
Warmer Haferkleiebrei mit Leinöl

Die American Heart Association *propagiert öffentlichkeitswirksam den Verzehr von Haferkleie (als nachweislichem Cholesterinsenker) und Leinöl (mit herzgesunden Omega-3-Fettsäuren). Breie aus Haferkleie sind daher zunehmend populär.*

Haferkleie in dem Wasser einige Minuten leise köcheln und anschließend noch etwas nachquellen lassen. Mit dem Öl verrühren, den Feigen und Äpfeln belegen und dem Leinsamen bestreuen. Je nach Geschmack mit warmer Milch oder warmem Sojadrink angießen.

200 g Haferkleie
600 ml Wasser
2 EL Leinöl
4 getrocknete Feigen (oder 8 kalifornische Datteln), fein geschnitten
2 Äpfel, grob gerieben
4 EL heller Leinsamen, aufgebrochen
Milch oder Sojadrink nach Belieben

Grandma Hazel's Cornmeal Mush
Grandma Hazels Maismehlbrei

Einst ein Standardgericht der nordamerikanischen Ureinwohner, dann ein überall leicht und schnell kochbares Überlebensgericht der nach Westen ziehenden Pioniere, später im amerikanischen Bürgerkrieg Hauptnahrungsmittel der Soldaten auf beiden Seiten und lange Zeit universeller Sattmacher armer Leute – heute ein beliebter Frühstücksbrei, auch in fester Form vielseitig abwandelbar. Hier das Rezept der Mutter meiner Schwiegermutter.

100 g Maismehl
½ TL Salz
750 ml kaltes Wasser
etwas Milch oder Sojadrink
Vollrohrzucker nach Belieben

Maismehl und Salz mit dem kalten Wasser verrühren, langsam zum Kochen bringen und bei sehr geringer Hitze unter häufigem Rühren etwa 10 bis 15 Minuten ausquellen lassen, bis eine dicke, breiartige Konsistenz erreicht ist. Den Maisbrei noch warm in vier kleine Schälchen geben, mit Milch oder Sojadrink angießen und mit etwas Vollrohrzucker bestreuen.

Variationen:
- Den Frühstücksbrei mit frischem Obst und Nüssen bereichern.
- Den Brei am Vorabend zubereiten, in einer Schüssel glatt streichen, kühl stellen und fest werden lassen. Am nächsten Morgen in Streifen schneiden, in Mehl wälzen, von allen Seiten in Butter, Margarine oder Öl goldbraun anbraten und mit einer süßen oder herzhaften, warmen Sauce servieren. O-Ton meiner Schwiegermutter: »Oh so good on a cold morning!«
- Gebratene Scheiben wie Toastbrot mit Marmelade, Gelee oder Honig bestreichen.
- Feste Maisbreischeiben mit Kräuteröl bestreichen und gemeinsam mit mariniertem Gemüse grillen.

Homebaked Granola
Knuspermüsli hausgemacht

Das mit Milch, Joghurt, Quark, Obstsalat oder auch als eigenständige Knabberei vielseitig einsetzbare Knuspermüsli lässt sich ganz einfach selbst herstellen. Die Zutaten können Sie dabei ganz nach Ihrem persönlichen Geschmack variieren. Alle Arten von Getreideflocken, Nüssen und Samen sind geeignet. Pur vermischt, ergeben sie ein lockeres, »rieselfähiges« Müsli. Wer lieber knusprige »Klümpchen« mag, gibt einige Esslöffel Weizenkeime oder Weizenmehl als »Kleber« sowie etwas mehr Wasser dazu und knetet die Masse mit den Fingern zurecht.

Haferflocken, Mandeln und Kokosraspel mit den Gewürzen in einer Schüssel gut verrühren. Ahornsirup, Rapsöl und Wasser in einem kleinen Topf auf dem Herd vorsichtig erwärmen, gut verquirlen und nach und nach unter wiederholtem Umrühren über die Müslimischung träufeln. Noch einmal gründlich durchmischen und auf einem mit Backpapier ausgelegten Backblech verteilen. Bei 160 °C etwa 20 Minuten backen, bis das Müsli schön gebräunt und knusprig ist. Dabei spätestens nach der Hälfte der Zeit vorsichtig wenden und danach immer mal wieder nachschauen und prüfen, damit die Mischung nicht verbrennt.

Das Müsli gut auskühlen lassen, nach Belieben Trockenfrüchte wie Rosinen, getrocknete Cranberrys oder fein gehackte Datteln und Aprikosen untermischen und in einem luftdichten Gefäß verstauen. Bei Raumtemperatur ist das Knuspermüsli gut eine Woche haltbar.

250 g kernige Haferflocken
125 g Mandeln, grob gehackt
40 g Kokosraspel
1 Päckchen Vanillezucker
1 TL Zimt, gemahlen
½ TL Ingwer, gemahlen
¼ TL Salz
4 EL Ahornsirup
2 EL Rapsöl
2 EL Wasser
Trockenfrüchte, fein gehackt, nach Belieben

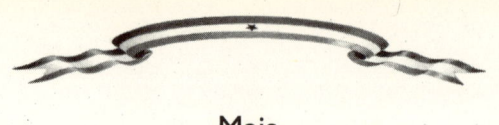

Mais

Die Geschichte des amerikanischen Kontinents könnte mit den Worten beginnen: »Am Anfang war der Mais.« Natürlich erst einmal in Form des Wildgrases »Teosinte«. Dann kultivierte die indigene Urbevölkerung das Gras, nannte es »mays«, machte seine Samenkörner mit Hilfe der genialen Erfindung der Nixtamalisation zu ihrem Grundnahrungsmittel und gründete darauf die Blüte ihrer Hochkulturen.

Die Nixtamalisation war dafür eine notwendige Voraussetzung. Mais enthält deutlich weniger lebenswichtige Eiweißstoffe (essentielle Aminosäuren) als andere Getreidearten. Um alle Eiweißstoffe für die menschliche Verdauung verfügbar zu machen und Geschmack und Backeigenschaften des Maises zu verbessern, werden die Maiskörner viele Stunden mit alkalischen Stoffen (wie gelöschtem Kalk oder Holzasche) gekocht, vermahlen und anschließend entweder gleich weiterverarbeitet oder erneut getrocknet und gelagert. Durch dieses Verfahren liefert der Mais auch mehr Calcium und Niacin sowie weniger Phytinsäure.

Der Mais gehört zu den ältesten bekannten Kulturpflanzen. Seinen Ursprung hat er in Mittelamerika, bereits für die Zeit von 1100 v. Chr. ist sein Anbau aber auch für die Gegend um das heutige Tucson in Arizona nachgewiesen. Und so kam es, dass der Mais schon da war, als Kolumbus in der Karibik landete. Er nahm ihn mit nach Europa, wo er seit 1525 in Spanien angebaut und seit 1532 in europäischen Pflanzenbüchern abgebildet wurde. Allerdings blieb sein Anbau lange auf warme Gegenden beschränkt. Erst in den 1970er-Jahren wurden Sorten entwickelt, die zu mitteleuropäischen Standortverhältnissen passten, und es kam zu einer starken Ausweitung des Maisanbaus.

Heute gibt es etwa 5000 verschiedene Maissorten, deren Körner weißlich, goldgelb, rot oder auch schwarz-blau gefärbt sein können. Für die menschliche Ernährung (und die Kinokultur) ist vor allem der Puffmais *(Zea mays var. microsperma)* interessant, aus dem man Popcorn macht – und natürlich der Zuckermais *(var. saccharata)*, in dessen Körnern die Kohlenhydrate vor allem in Form von Zucker eingelagert werden und der als Gemüsemais gegessen wird.

Sowohl in den USA als auch in Europa spielt der Anbau von Genmais leider eine immer größere Rolle. Achten Sie beim Kauf von Mais und Maisprodukten deshalb stets auf gentechnikfreie Bioware. Dann steht dem ungetrübten Genuss dieses uralten indianischen Getreides in allen seinen vielfältigen Zubereitungsformen nichts entgegen!

Sautauthig
Indianischer Blaubeer-Mais-Pudding

Nach den Berichten der ersten Siedler war dieser Maispudding ein Lieblingsgericht der nordamerikanischen Ureinwohner, dessen Zubereitung mit getrockneten und gemahlenen Blaubeeren sie schriftlich dokumentierten. (Ausgesprochen wird es »Soh-toh-tiek«.) Auch zum ersten gemeinsamen Thanksgiving-Fest der Pilgermütter und -väter mit den Wampanoag-Indianern bei Plymouth Rock in Massachusetts im Herbst 1621 soll er serviert worden sein. Mit frischen oder tiefgefrorenen Blaubeeren lässt er sich sehr gut nachkochen – herrlich fruchtig und nahrhaft zugleich!

Milch oder Sojadrink mit der gleichen Menge Wasser mischen. Maismehl und Salz mit einem kleinen Teil der Flüssigkeit zu einem dicken, klümpchenfreien Brei verrühren. Restliche Flüssigkeit in einem Topf zum Kochen bringen, Maisbrei zugeben und bei geringer Hitze unter häufigem Rühren mit dem Schneebesen etwa 10 Minuten ausquellen lassen. Zum Schluss den Ahornsirup und die Blaubeeren unterheben.

375 ml Milch oder Sojadrink
375 ml Wasser
100 g Maismehl
½ TL Salz
3 EL Ahornsirup
300 g Blaubeeren

Grits
Maisgrütze

Ein weiterer traditioneller Maisbrei, der besonders im Süden der USA auf jeder Speisekarte zu finden ist und nicht nur zum Frühstück, sondern als Beilage auch gern zu jeder anderen Mahlzeit gegessen wird.

150 g Maisgrütze
700 ml Wasser

Maisgrütze in das Wasser einstreuen und in dem Wasser zum Kochen bringen. Die Grütze 6 bis 8 Minuten unter häufigem Rühren bei geringer Hitze quellen lassen, bis ein dicklicher Brei entstanden ist. In vier kleine Schälchen geben und noch warm servieren.

Variationen:
- Die Grütze in Milch oder Sojadrink kochen.
- Auf jede Portion ½ TL Butter oder Margarine setzen und – je nach gewünschter Geschmacksrichtung – mit Salz oder Zucker bestreuen oder mit Ahornsirup beträufeln.
- Die Grütze mit frischem Obst und Nüssen servieren.
- 2 EL Butter oder Margarine sowie ein mit etwas Milch gut verquirltes Ei unter die Masse ziehen und im Backofen überbacken.
- Die Maisgrütze mit Weizen- und/oder Gerstengrütze mischen.
- Mit Knoblauch, Salz und Pfeffer würzen.
- Vor dem Servieren Schmelzkäse oder geraspelten Cheddar einrühren.

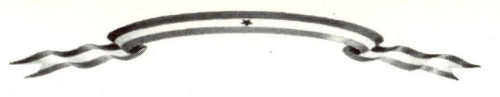

Grits

Wie in Deutschland die »Weißwurstgrenze«, gibt es in den USA den sogenannten »*Grits Belt*« (= Grits-Gürtel), der sich von Texas bis Virginia quer durchs Land zieht. Sowohl Georgia als auch South Carolina erklärten Grits zu ihrer offiziellen Staatsspeise, und tatsächlich ist Grits aus der amerikanischen Südstaatenküche nicht wegzudenken und dort so etwas wie eine feste Institution. Dabei schmeckt der – je nachdem, ob geschälter oder ganzer Mais verwendet wurde – gelbliche oder weiße Brei erst einmal so ziemlich nach gar nichts. Erst mit etwas Fett und verschiedenen Gewürzen können wir seine positiven Eigenschaften als Geschmacksträger zum Vorschein bringen.

Hinter der Bezeichnung »Grits« ist das Wort »Grütze« ganz leicht herauszuhören. Beide sollen auf das altenglische »grytte« zurückgehen, das ursprünglich die nach dem Mahlen übrig bleibende Kleie und Spreu bezeichnete. Erst seit dem 16. Jahrhundert versteht man darunter das grob gemahlene Getreide selbst. In Europa kennen wir vor allem Weizen- oder Gerstengrütze, in den USA kommen dafür nur getrocknete Maiskörner in Frage. Steinvermahlene Maisgrütze gilt als die beste.

Bis ins letzte Jahrhundert hinein hatten viele Dörfer eine eigene Steinmühle, mit der die Einwohnerinnen und Einwohner ihren selbst angebauten Mais mahlen konnten. Meine Schwiegermutter berichtete mir, noch in den 1930er-Jahren sei ein »*grinder man*« mit einer fahrbaren Mühle über die Dörfer gefahren und habe für sie und die anderen Familien einen Teil der Maisernte für den Hausgebrauch gemahlen. Maisgrütze ist bei uns leider meist nur in Spezialläden oder im Versandhandel zu haben. Ersatzweise tut es auch der unter der Bezeichnung »Polenta« bekannte, allerdings deutlich feinere Maisgrieß.

Cinnamon Rolls
Hefe-Zimt-Schnecken

Fertig als »Breakfast Rolls« gekauft, sind sie oft unerträglich süß und klebrig, selbst gemacht ein Genuss.

100 g weiche Butter oder Margarine
80 g Vollrohrzucker
1 Ei
½ TL Salz
1 Päckchen Vanillepudding-Pulver
500 g Weizenvollkornmehl
1 Päckchen Trockenhefe
300 ml Milch oder Sojadrink, lauwarm
Mehl für die Arbeitsfläche
2 TL Zimt, gemahlen
100 g Wal- oder Pecannüsse, gehackt
Fett für das Blech
4 EL Puderzucker
1 – 2 TL Wasser, heiß

Die Hälfte der Butter oder Margarine mit 1 EL Zucker verrühren, Ei, Salz und Puddingpulver zugeben und gut verquirlen. Mehl und Trockenhefe mischen und abwechselnd mit der Milch oder dem Sojadrink unter den Teig kneten. Schüssel mit einem Tuch abdecken, den Teig an einem warmen Ort etwa 1 Stunde gehen lassen und anschließend noch einmal kräftig durchkneten.

Den Teig auf einer bemehlten Arbeitsfläche zu einem großen Rechteck ausrollen und mit der restlichen Butter oder Margarine bestreichen. Zimt mit dem restlichen Zucker vermischen und gemeinsam mit den Nüssen auf den Teig streuen. Die Teigplatte von der längeren Seite her aufrollen. Mit einem sehr scharfen Messer von der Rolle etwa 2 Zentimeter dicke Scheiben abschneiden und mit der Schnittseite nach oben auf ein gut gefettetes Backblech legen (dabei unbedingt 2 Zentimeter Abstand lassen). Mit einem Tuch abdecken, erneut an einem warmen Ort etwa 1 Stunde gehen lassen und bei 180 bis 200 °C etwa 20 Minuten backen. Puderzucker mit etwas heißem Wasser verrühren und über die noch heißen Schnecken streichen.

Big Breakfast

Soy Fruit Bowl
Obstsalat mit Tofu

Soja wird in den USA, vor allem im Mittleren Westen, großflächig angebaut. Biobäuerinnen und -bauern engagieren sich für den kontrolliert biologischen Anbau gentechnikfreier Sojabohnen. In den Geschäften gibt es eine große Auswahl von Tofu in verschiedenen Festigkeitsstufen. Nutzen Sie die Gelegenheit, ihn zur Abwechslung einmal in eine fruchtig süße Marinade einzulegen.

Orangensaft, Zitronenschale, Ahornsirup und Zimt verrühren, den Tofu damit übergießen und einige Stunden durchziehen lassen.

Obst, Rosinen und Nüsse unterziehen und in kleinen Schälchen servieren.

100 ml Orangensaft, frisch gepresst
1 TL abgeriebene Schale einer unbehandelten Zitrone
1 EL Ahornsirup
1 TL Zimt, gemahlen
200 g fester Tofu, in kleine Würfel geschnitten
600 g frisches Obst der Saison (z. B. Banane, Apfel, Birne, Mandarine, Mango), klein gewürfelt
je 1 Handvoll kalifornische Rosinen und Walnüsse

Big Breakfast

Blueberry Orange Smoothie
Blaubeer-Orangen-Smoothie

Die heute weltweit so beliebten Smoothies sind eine Erfindung ernährungsbewusster kalifornischer Blumenkinder. In den 1960er-Jahren wurde frisch gepresster Fruchtsaft bei ihnen zum Trendgetränk. In alternativen Saftbars wurden Mischungen aus verschiedenen Säften und Eis oder Milch mit cremiger Konsistenz kreiert. Schon wenig später nahmen die ersten vegetarischen »Health Food Restaurants« im Mixer cremig geschlagene Smoothies aus Fruchtsaft, Fruchtpüree und Eis in ihr Angebot auf. Weite Verbreitung fand der Name dann durch Stephen Kuhnau, als dieser 1987 mit seiner Frau Cindy das Franchising-Unternehmen »Smoothie King« gründete. Er selbst räumt bereitwillig ein: »Ich habe das Wort Smoothie nicht erfunden. Das erste Mal habe ich es Ende der 1960er-Jahre in Zusammenhang mit Früchten und Getränken auf Basis von Fruchtsaft gehört, die von Hippies hergestellt wurden.«

Also nichts wie ran an die Mixer, ein paar Blumen ins Haar gesteckt und supergesunde Frühstücks-Schlürfgetränke gerührt!

500 g Blaubeeren, tiefgefroren
½ l Orangensaft
500 g Vanillejoghurt oder -sojajoghurt
4 Stängel Minze

Alle Zutaten außer der Minze im Mixer gut miteinander vermischen, auf vier Gläser verteilen und mit Minzeblättern garnieren.

Blueberries – Blaubeeren

Die uns heute bekannten Kulturblaubeeren stammen nicht von der bei uns heimischen Waldheidelbeere ab, sondern sind Züchtungen aus den in Nordamerika heimischen Blaubeerarten. Ein augenfälliger Unterschied sind die färbenden Inhaltsstoffe, die sich bei den amerikanischen Blaubeeren in der Schale befinden, während das Fruchtfleisch selbst hell ist, sodass heimliche Blaubeernascher nicht an ihren blauen Lippen zu erkennen sind. Ein weiteres Kennzeichen ist der weiße »Reif« auf der Schale, der durch mikroskopisch kleine Wachsteilchen gebildet wird.

Schon die amerikanische Urbevölkerung sammelte Früchte, Wurzeln und Blätter der Blaubeerpflanzen zur Ernährung ebenso wie für medizinische Zwecke. Sie trocknete die Blaubeeren, um sie ganz oder zu Pulver vermahlen auch im Winter essen zu können, sie brühte Tee aus den Wurzeln auf und setzte Blaubeersirup als Hustenmittel ein. Bereits 1616 berichteten französische Forschungsreisende, Ureinwohnerinnen und Ureinwohner in der Nähe des Huronsees beim Blaubeersammeln beobachtet zu haben.

Eine Spezialität der Urbevölkerung, die sie auch an die frühen Siedlerinnen und Siedler weitergab, nennt sich *Sautauthig*, eine Art Pudding aus getrockneten, gemahlenen Blaubeeren, Wasser, Maismehl und Ahornsirup (siehe Seite 33).

Schon gegen Ende des 19. Jahrhunderts versuchte man dann, Blaubeeren in nordamerikanischen Hausgärten anzubauen, allerdings ohne großen Erfolg – bis die Pflanzenzüchterin Elizabeth Coleman White um die Jahrhundertwende ein Programm zur Auslese geeigneter Blaubeersträucher aus Wildbeständen ins Leben rief und bereits 1916 eine ertragreiche und großfruchtige Sorte mit dem Namen »Rubel« herangezüchtet hatte, die sich auch vermarkten ließ (und übrigens noch bis heute angebaut wird). Viele weitere Züchtungen kamen hinzu. Heute werden in 36 US-Bundesstaaten auf einer Fläche von etwa 20 000 Hektar Blaubeeren angebaut. 55 Prozent der Welternte stammen aus den USA, mehr als die Hälfte davon aus den Bundesstaaten Michigan und Maine.

Was schon die Urbevölkerung wusste, bestätigt die moderne Forschung: Blaubeeren sind supergesund. Sie mindern das Krebsrisiko, stärken Augen und Immunsystem und senken das Cholesterin im Blut. Auf der Liste der gesundheitsfördernden Lebensmittel stehen sie deshalb ganz weit oben. Schön, dass auch ihr unnachahmlicher Geschmack uns sagt: bitte mehr davon!

Big Breakfast

Deedee's Banana Smoothie
Deedees Bananen-Smoothie

Hmmm ... Was könnte morgens leckerer sein als ein süßer, sanfter, dickflüssiger Bananen-Smoothie? Besonders gut gelingt dies mit tiefgefrorenen Bananen, die mit verschiedenen Zutaten im Mixer püriert werden. Hier das Grundrezept meiner Freundin Deedee, das sich beliebig variieren lässt.

4 reife Bananen
2 EL Zitronensaft
100 g Seidentofu
2 EL weißes Mandelmus
½ TL Zimt, gemahlen
Wasser nach Bedarf

Bananen schälen, in Stücke schneiden, mit dem Zitronensaft beträufeln und für etwa 3 Stunden in den Tiefkühler legen. Mit Tofu, Mandelmus und Zimt in einen Mixer geben, kräftig durchmixen, in vier Gläser geben, mit Wasser auffüllen und noch einmal gut verrühren.

Morning Waker Upper
Morgen-Munter-Macher

Wer morgens nicht so gern Süßes schlürfen mag, lässt sich von diesem herzhaften Getränk die Lebensgeister wecken.

½ l Tomatensaft
1 TL vegetarische Worcestersauce
1 ½ TL Sojasauce
einige Spritzer Tabascosauce
½ TL Kräutersalz
150 g Zucchini, gewürfelt

Alle Zutaten im Mixer oder mit dem Pürierstab fein pürieren. Gut gekühlt und mit Eiswürfeln servieren.

Bitte beachten: Traditionelle Worcestersauce enthält Sardellen, deshalb beim Einkaufen auf die Zutatenliste und eine vegetarische Rezeptur achten!

Big Breakfast

Key Largo Wake-up Call
Weckruf auf Key Largo

Key Largo ist die erste Insel der Florida Keys und Namensgeberin eines berühmten Krimis mit Humphrey Bogart. Nostalgische Bogey-Fans können dort das Originalboot aus dem Film »African Queen« mit Katherine Hepburn und Humphrey Bogart sehen, das bis heute im Hafen von Key Largo dümpelt.

Beim Schlürfen des exotischen Gute-Laune-Smoothies einander bitte tief in die Augen schauen und von einem strahlenden Morgen unter Palmen träumen …

Alle Zutaten in einem Mixer gut miteinander verquirlen. In vier Gläser geben und mit dünnen Orangenscheiben am Glasrand verzieren.

400 ml Orangensaft
200 ml Papayasaft,
  ersatzweise Maracujasaft
200 ml Ananassaft
1 Banane, geschält
2 EL Kokosmilch

Big Breakfast

Liquid Green Card
Flüssige Green Card

1 Bund Dill
1 Bund Schnittlauch
2 reife Avocados,
    geschält und entkernt
800 ml Kefir
Mineralwasser nach
    Belieben
Limettensirup
Kardamom, gemahlen
Salz
Pfeffer
4 Limettenscheiben

Vom Dill vier Zweige beiseite legen, restlichen Dill und Schnittlauch grob hacken und zusammen mit den Avocados und dem Kefir im Mixer oder mit dem Pürierstab pürieren. Mit Mineralwasser bis zur gewünschten Konsistenz auffüllen, mit Limettensirup, Kardamom, Salz und Pfeffer abschmecken. In vier Gläser füllen, Limettenscheiben zur Hälfte einschneiden und an den Glasrand hängen. Zuletzt jedes Glas mit einem Zweig Dill verzieren.

Fort Myers Mango Shake
Mangoshake aus Fort Myers

In Fort Myers, Florida, gibt es nicht nur die bekannte Mango Street, sondern in dem von Thomas Edison angelegten botanischen Garten auch eine faszinierende Sammlung unterschiedlicher Mangobäume. Bei einem Spaziergang kann man unter den Bäumen lauter verschieden geformte und gefärbte Mangos liegen sehen. Der berühmte Glühlampenerfinder war übrigens bekennender Vegetarier. »Ich bin Vegetarier und Antialkoholiker, weil ich so besser Gebrauch von meinem Gehirn machen kann«, erklärte er und nippte dabei vielleicht gerade genüsslich an einem Mangoshake…

2 reife Mangos
800 ml Milch oder
    Sojadrink
150 g Vanillejoghurt
    oder Vanillesojajoghurt
4 Orangenscheiben
4 Stängel Zitronenmelisse

Mangos schälen. Das Fruchtfleisch vom Kern ablösen, würfeln und zusammen mit der Milch und dem Joghurt im Mixer oder mit dem Pürierstab pürieren. In vier Gläser gießen und mit zur Hälfte eingeschnittenen Orangenscheiben und Zitronenmelisse verzieren.

Big Breakfast

Hot Soy Cocoa
Heißer Sojakakao

Ein wunderbar luxuriöser, hausgemachter Morgenkakao. Genau das Richtige für einen gemütlichen Sonntagmorgen!

Sojadrink erhitzen (nicht kochen!), restliche Zutaten zugeben und die Schokolade unter ständigem Rühren vorsichtig schmelzen lassen. In vier Becher gießen und sofort servieren.

800 ml Sojadrink
4 TL Honig oder Agavendicksaft
¼ TL Zimt, gemahlen
40 g Bitterschokolade, fein gerieben

Emily's Christmas Shake
Emilys Weihnachts-Shake

Nicht nur am Weihnachtsmorgen, sondern an jedem kalten Wintertag ein tolles Verwöhngetränk für Leib und Seele.

Sojadrink und Kuchen im Mixer oder mit dem Pürierstab sehr fein pürieren, vorsichtig erhitzen und in vier Becher gießen. Beine hochlegen und vor dem warmen Kamin genießen!

800 ml Vanille-Sojadrink
4 Stück Honig- oder Lebkuchen

Belgian Waffles
Belgische Waffeln

Als der Belgier Maurice Vermersch 1964 an seinem Stand auf der Weltausstellung in New York für einen Dollar seine »Original belgische Waffeln« mit frischen Erdbeeren und Schlagsahne verkaufte, verbreitete sich ihr Ruhm wie ein Lauffeuer. Die süße Spezialität trat in den gesamten USA alsbald einen Siegeszug an und ist heute von kaum einem Frühstücksbüfett mehr wegzudenken. Belgische Waffeln sind typischerweise viereckig und haben große Vertiefungen, in denen sich Sirup oder Sahne hervorragend sammeln kann. Dass sie dicker sind als unsere üblichen Waffeln, verdanken sie der Hefe als Triebmittel, an der man die echten belgischen Waffeln erkennen kann. Zum Frühstück werden sie in den USA typischerweise mit Butter oder Margarine und Ahornsirup, als Dessert mit frischem Obst, z. B. Erdbeeren, und Sahne oder Vanilleeis serviert.

3 Eier
200 ml Milch oder Sojadrink, lauwarm
125 ml Mineralwasser, lauwarm
20 g frische Hefe
250 g Weizenvollkornmehl
125 g Butter oder Margarine, geschmolzen und abgekühlt
75 g Vollrohrzucker
1 Prise Salz

Eier trennen, Eiweiß zu einem festen Schnee aufschlagen und beiseite stellen. Milch oder Sojadrink und Mineralwasser mischen, eine Tasse davon abnehmen und die Hefe darin auflösen. Mehl in eine Schüssel geben und in der Mitte eine Kuhle formen. Hefeflüssigkeit in die Kuhle gießen und leicht mit dem umgebenden Mehl verrühren. Eigelb, restliche Milch-Wasser-Mischung, Butter und Margarine sowie Zucker und Salz zugeben und die Masse von der Mitte her zügig verrühren, bis ein zähflüssiger Teig entstanden ist. (Er sollte nicht ganz so flüssig sein wie der bei uns übliche Waffel- oder Pfannkuchenteig.) Eischnee vorsichtig unterziehen, Schüssel mit einem Tuch abdecken und den Teig an einem warmen, geschützten Ort 30 Minuten gehen lassen. Anschließend noch einmal durchrühren. Im viereckigen Waffeleisen nach Gebrauchsanleitung goldbraune Waffeln backen und noch warm servieren.

Big Breakfast

Buttermilk Waffles
Buttermilchwaffeln

Die fettsparende Alltagsvariante zu den reichhaltigeren belgischen Waffeln. Mit reichlich Obstsalat belegt, mit Ahornsirup beträufelt und mit Messer und Gabel gegessen, ein gesunder Genuss!

Eier schaumig schlagen, Zucker, Mehl und Backpulver mischen. Abwechselnd Mehlmischung und Buttermilch unterrühren und den Teig etwa 20 Minuten ruhen lassen. Im Waffeleisen nach Gebrauchsanleitung goldbraune Waffeln backen und mit Puderzucker bestäuben.

3 Eier
3 EL Vollrohrzucker
250 g Weizenvollkornmehl
1 TL Backpulver
200 ml Buttermilch
etwas Puderzucker

Big Breakfast

Pancakes with Maple Syrup
Pfannkuchen mit Ahornsirup

Dass es in den USA Pancakes mit Ahornsirup vor allem zum Frühstück gibt, heißt nicht, dass sie nicht auch zu jeder anderen Tageszeit ganz hervorragend schmecken. Sehr lecker sind sie z. B. auch zu einem frisch gekochten Blaubeerkompott.

125 g Weizenvollkornmehl
2 TL Backpulver
½ TL Salz
1 TL Vollrohrzucker
2 Eier
125 ml Buttermilch
2 EL flüssige Butter oder Margarine
Öl zum Ausbacken
1 Fläschchen (¼ l) Ahornsirup

Mehl, Backpulver, Salz und Zucker in einer Rührschüssel mischen. Nach und nach Eier, Buttermilch und Butter oder Margarine zugeben, zu einem glatten Teig verarbeiten. Löffelweise in eine Pfanne mit heißem Öl geben und zu kleinen Pfannkuchen von etwa 10 Zentimeter Durchmesser verstreichen. Wenn der Teig Blasen wirft, umdrehen und von der anderen Seite goldbraun ausbacken. Noch warm mit einem Fläschchen Ahornsirup servieren. Am Tisch kann sich dann jede/r die Pfannkuchen je nach Geschmack mit Ahornsirup beträufeln.

Maple Syrup – Ahornsirup

Ahornsirup, den eingedickten Saft des Zuckerahorns, nutzten die Indianer im Norden Amerikas schon seit Urzeiten als natürliches Süßungsmittel. Die Algonquin nannten ihn »Sinzibuckwud« (= dem Holz entlockt). Der Legende nach soll eine Indianerfrau Regenwasser aus dem ausgehöhlten Stamm eines Ahornbaums zum Kochen verwendet haben. Über der Kochstelle bildete sich daraufhin ein süßer, aromatischer Duft. Als dann auch noch das Gekochte süß schmeckte, war die Sache klar: Die Indianer trieben ihre Tomahawks in die Rinde der Ahornbäume und fingen den herausrinnenden Saft auf. Mit Hilfe von erhitzten Natursteinen, die sie in den Saft legten, erzeugten sie den dickflüssigen Sirup und bewahrten ihn in aus Birkenrinde gefertigten und kunstvoll mit Ornamenten verzierten Gefäßen auf. Als die ersten Europäer nach Nordamerika kamen, zeigten ihnen die Indianer, wie man den Saft des Zuckerahorns gewinnt und einkocht.

Heute ist das Zuckerahornblatt das Staatssymbol Kanadas. 90 Prozent des produzierten Sirups stammen aus Kanada, in den USA ist die Sirupproduktion vor allem in den Bundesstaaten Maine und Vermont verbreitet. Der Saft kann nur über kurze Zeit im Jahr von Ende Februar bis Anfang April geerntet werden. Ganz besondere Klimaverhältnisse sind dazu notwendig: Wenn es nachts noch Frost gibt, die Sonne am Tag aber schon so kräftig scheint, dass der Boden aufgetaut wird und das Eis im Boden schmilzt, nehmen die Wurzeln der Bäume das Wasser auf und beginnen, die in den Wurzeln gespeicherte Stärke und andere Nährstoffe in die Knospen zu transportieren. Jetzt werden die Bäume »angezapft«.

Traditionell wird der Pflanzensaft durch Kochen über einem Holzfeuer eingedickt. Aus 40 Liter Saft wird dabei 1 Liter Sirup gewonnen. Je heller der Sirup, desto feiner das Aroma (»Grade A« ist die höchste Klassifizierung). Die erfolgreiche Ernte feiern die Ahornfarmer mit legendären »Sugaring-Off-Partys«.

Ahornsirup ist ein vollwertiges Süßungsmittel. Er enthält etwa 60 Prozent Zucker sowie mehr Mineralstoffe und etwas weniger Kalorien als Honig. Ahornsirup ist auch ein charakteristischer Bestandteil der nordamerikanischen Küche und wird hauptsächlich zu Waffeln, Pfannkuchen und Desserts serviert. Aber auch zur Abrundung von Suppen, Saucen und Salatdressings ist er sehr beliebt. In vielen Restaurants steht neben der unvermeidlichen Ketchupflasche auf jedem Tisch stets ein Kännchen Ahornsirup bereit. Beim Einkauf lohnt es sich, nach Sirup aus schonendem Bioanbau ohne Pestizide, Bleichmittel und Anti-Schaummittel zu fragen.

Big Breakfast

Rhode Island Johnnycakes
Maispfannkuchen aus Rhode Island

Wann heißt ein Pfannkuchen »Johnnycake«? Wenn er aus Maismehl gemacht und in Rhode Island oder einem angrenzenden Neuenglandstaat an der Nordostküste der USA verzehrt wird. Im Prinzip handelt es sich um die flachen Maisfladen, deren Zubereitung die ersten Siedlerinnen und Siedler von der nordamerikanischen Urbevölkerung erlernten. (Von den Sioux ist überliefert, dass sie zusätzlich gekochten Wildreis in den Teig gaben.) Im Süden der USA heißen sie bis heute »Hoecakes«, weil man sie kurzerhand auf den großen, vom Stiel gelösten Metall-Schilden der bei der Bearbeitung der Baumwollfelder benutzten Hacken (hoes) *im offenen Feuer briet.*

120 g Maismehl
½ TL Salz
2 TL Vollrohrzucker
300 ml Wasser, kochend
3 EL Milch
Öl zum Ausbacken

Maismehl, Salz und Zucker mischen, mit dem kochend heißen Wasser zu einem Brei verrühren und mit der Milch glatt rühren. Teig etwas abkühlen lassen und aus dem Teig dünne, kleine Fladen formen. In einer Pfanne mit heißem Öl von beiden Seiten goldbraun ausbacken.

French Toast
Arme US-Ritter

Diese schnellen armen Ritter sind in der Grundform weder süß noch salzig und werden gern zu gebratenen Eiern gegessen oder am Frühstückstisch mit Marmelade bestrichen. Darüber hinaus sind viele, vor allem süße Variationen möglich.

Eier und Milch oder Sojadrink verquirlen. Toastbrotscheiben in der Ei-Milch-Mischung wenden und in der heißen Butter oder Margarine von beiden Seiten goldgelb knusprig ausbacken.

2 Eier
10 – 12 EL Milch
 oder Sojadrink
4 Scheiben
 Vollkorntoastbrot,
 diagonal durchgeschnitten
Butter oder Margarine zum
 Ausbacken

Variationen:
- Eine Toastbrotscheibe mit Marmelade (lecker: Himbeer!) bestreichen, die zweite Scheibe darüberklappen und das Ganze in der Eiermilch wenden und ausbacken.
- Je ½ TL gemahlene Vanille und gemahlenen Zimt sowie 1 Prise frisch geriebene Muskatnuss in die Milch geben und den Toast am Ende mit Zimtzucker bestreuen.

Cinnamon Raisin Bagels
Zimt-Rosinen-Bagels

Bagels (ursprünglich Beygel) sind eine Spezialität der aus Osteuropa stammenden Juden in New York. Mittlerweile sind sie überall in den USA, in letzter Zeit mehr und mehr auch bei uns zu haben. Ihre Zubereitung (erst kochen, dann backen) ist ungewöhnlich und etwas aufwendig, dafür schmecken sie aber auch einzigartig. Bagels sind ein idealer Proviant für Pause oder Reise und immer dann gefragt, wenn man etwas Trockenes zum Knabbern braucht. Im Backteil (»Best Bakery«) finden Sie das Grundrezept mit Variationen und weitere Informationen über Bagels (siehe Seiten 162 und 163). Hier die Variante mit Zimt und Rosinen, die zum Frühstück frisch getoastet und mit Butter oder Margarine bestrichen am besten schmeckt.

225 ml Milch oder Sojadrink
50 g Butter
25 g Vollrohrzucker
2 TL Trockenhefe
1 Ei
1 Prise Salz
400 g Weizenvollkornmehl
100 g Rosinen
1 EL Zimt, gemahlen
Mehl für die Arbeitsfläche
Fett für das Blech
2 EL Milch oder Sojadrink

Milch oder Sojadrink zum Kochen bringen, in eine Schüssel geben, Butter und Zucker unterrühren, dann alles etwas abkühlen lassen. Hefe einstreuen und an einem warmen Ort so lange ruhen lassen, bis sie schäumt.

Ei trennen. Eiweiß und Salz unter die Hefemischung rühren, nach und nach Mehl zugeben, bis ein weicher Teig entsteht. Zuletzt Rosinen und Zimt zugeben, auf bemehlter Arbeitsfläche etwa 5 Minuten kneten, wieder in die Schüssel zurückgeben und etwa 1 Stunde an einem warmen Ort gehen lassen, bis der Teig etwa das Doppelte seiner ursprünglichen Größe erreicht hat.

Nochmals kräftig kneten und in 16 gleich große Stücke teilen. Zu Schlangen formen, um die Finger einer Hand wickeln und zu Ringen zusammenführen. Auf ein gefettetes Backblech legen und im warmen Ofen (etwa 40 °C) erneut 10 Minuten gehen lassen.

Währenddessen einen großen Topf mit Wasser zum Kochen bringen, bei verminderter Hitze sieden lassen und einen Bagel nach dem anderen in das Wasser geben, 30 Sekunden eintauchen, mit dem Schaumlöffel wieder aus dem Wasser fischen und auf das Backblech zurücklegen.

Eigelb und Milch in einer Tasse mischen und die Bagels damit gleichmäßig bestreichen. Die Bagels etwa 20 Minuten bei 180 °C backen, bis sie schön gebräunt und aufgegangen sind. Auf einem Kuchengitter abkühlen lassen.

Fried Eggs – Sunny Side Up
Spiegelei

Wie das englische, ist auch das traditionelle amerikanische Frühstück ziemlich eilastig. Das geschärfte Bewusstsein für den Cholesteringehalt von Eiern sowie die oft bedrückenden Bedingungen bei der Eierproduktion haben hier zu einem Umdenken geführt. Auf Seite 54 und 57 finden Sie Rezepte für eifreie Alternativen. Wer in Maßen Eier isst, achtet stärker auf Qualität statt Quantität, sowohl bei der Herkunft der Eier als auch bei deren Zubereitung. Verwenden auch Sie bitte nur Eier von Bio-Bauernhöfen.

Gegessen werden Eier in Nordamerika meist in Form von Spiegelei (Fried Eggs) oder Rührei (Scrambled Eggs). Gekochte Eier (Boiled Eggs) sind eher unüblich, erst recht in weicher Form. Die deutsche Sitte, nicht einmal richtig hart gekochte Eier in kleinen »Vasen« auf den Frühstückstisch zu stellen, mit einem Messer aufzuschlagen und anschließend auszulöffeln, ruft höchste Verwunderung hervor …

Bei Spiegeleiern werden mehrere Zubereitungsarten unterschieden: Zu Hause ebenso wie im Restaurant wird gefragt, ob man sie »nicht umgedreht« (Sunny Side Up), »einmal kurz umgedreht« (Over Easy) oder »längere Zeit auf der Dotterseite« (Over Medium oder Over Hard) gebraten haben möchte.

2 – 3 EL Butter oder Margarine
4 – 8 Eier
Salz
Pfeffer

Butter oder Margarine in einer Pfanne bei niedriger bis mittlerer Hitze schmelzen lassen. Eier aufschlagen, vorsichtig in die Pfanne gleiten lassen und so lange braten, bis das Eiweiß weiß geworden ist. Mit Salz und Pfeffer bestreuen und sofort servieren.

Dazu gibt es frisch mit Butter oder Margarine bestrichenes Toastbrot.

Variationen:

- *»Over Easy«:* Mit dem Pfannenheber die Eier umdrehen und etwa 10 Sekunden auf der anderen Seite braten und zurückdrehen.
- *»Over Medium«:* Eier umdrehen, 30 Sekunden auf der anderen Seite braten und servieren.

Scrambled Eggs
Rührei

Wie bei allen scheinbar simplen Küchenklassikern lohnt es sich auch beim Rührei, sorgfältig auf jedes Detail zu achten: Die Eier nie einfach in die heiße Pfanne schlagen und dort mit einem Kochlöffel verrühren, sondern alle Zutaten in eine Schüssel geben und mit einer Gabel vorsichtig verkleppern. Von zu langem Rühren wird die Masse zäh – es reicht, wenn Eiweiß und Eigelb gerade so vermischt sind. Wasser und Milch (eventuell auch Sahne) machen das Rührei lockerer und sorgen für einen volleren Geschmack. In der Pfanne soll die Eimasse dann bei eher niedriger Temperatur (70 bis 80 °C) sanft stocken. Nun bitte nicht wild im Kreis herumrühren, sondern die bereits gestockte Masse mit einem breiten Holzspatel vorsichtig nach vorne schieben. Dies mehrmals wiederholen, bis die Eier komplett gestockt, aber noch cremig saftig sind. So schmeckt selbst das einfachste Rührei raffiniert und lecker!

Eier, Wasser und Milch in einer Schüssel vorsichtig mit einer Gabel miteinander verschlagen und mit Salz und Pfeffer würzen.

Die Eimasse bei geringer Hitze in Butter oder Margarine in der Pfanne anstocken lassen.

Variationen:
- 1 Bund fein gehackte Kräuter (z. B. Petersilie, Schnittlauch oder Estragon) in die Eimasse rühren.
- Das fertige Rührei mit 100 g geriebenem Käse bestreuen.

8 Eier
8 EL Wasser
8 EL Milch oder Sojadrink, ungesüßt
Salz
Pfeffer
Butter oder Margarine zum Braten

Tofu Scramble
Rührtofu

Kurkuma sorgt für die goldgelbe Färbung dieser schönen Rührei-Alternative. Sollte es wider Erwarten Reste geben, eignen sich diese hervorragend als Sandwichfüllung.

200 g Brokkoli, in kleine Röschen zerteilt
200 g Möhren, in Scheiben geschnitten
4 EL Olivenöl
½ Bund Frühlingszwiebeln, grob gehackt
1 Knoblauchzehe, zerdrückt
2 TL Senf, mittelscharf
2 TL Gemüsebrüheextrakt
1 TL Kurkuma, gemahlen
etwas grüne Tabascosauce
Salz
Pfeffer
450 g fester Tofu, abgetropft, trockengetupft und fein zerbröselt
2 EL Würzhefeflocken
½ Bund Petersilie oder Korianderblätter, fein gehackt

Brokkoli und Möhren im Olivenöl weich dünsten. Nach und nach Frühlingszwiebeln, Knoblauch, Senf, Gewürze und zuletzt den Tofu zugeben. Noch etwa 5 Minuten braten (dabei eventuell noch etwas Öl nachgießen). Mit Würzhefeflocken und Petersilie oder Korianderblättern bestreuen.

Variationen:
- Brokkoli und Möhren durch Cherrytomaten ersetzen.
- Den Rührtofu mit geraspeltem Cheddar bestreuen.

Hash Browns
Kartoffelrösti

Hash Browns *(von* hash = *hacken und* brown = *bräunen) sind eine im Prinzip ganz simple Frühstücksbeilage aus in heißem Fett als flache Fladen goldbraun ausgebackenen Kartoffelraspeln. Am engsten verwandt sind sie mit den schweizerischen Rösti, weil sie nur Kartoffeln und höchstens noch Salz, Pfeffer und Zwiebelwürfel enthalten.*

Wie bei so vielen vordergründig einfachen Gerichten steckt der Teufel jedoch im Detail. Damit die Hash Browns *so richtig schön knusprig werden, kommt es darauf an, die Flüssigkeit möglichst gut aus den Kartoffeln herauszubekommen. Dazu werden die Raspel sorgfältig mit einem Küchenhandtuch oder Küchenkrepp abgetrocknet. Ein Geheimtipp lautet außerdem, sie vorher fest mit einem Kartoffelstampfer auszudrücken. Als Fett zum Ausbacken empfehlen sich Öle mit kräftigem Aroma.*

Kartoffeln grob raspeln, gut ausdrücken und trockentupfen und mit Salz und Pfeffer würzen. (Nach Belieben Zwiebelwürfel untermischen.) In eine Pfanne mit heißem Öl geben, glatt streichen und mit einem Küchenspatel oder einem Pfannenwender fest andrücken. Bei mittlerer Hitze 10 bis 12 Minuten braten, bis die Unterseite gut gebräunt ist. Vorsichtig wenden und weitere 10 bis 12 Minuten braten, bis auch die andere Seite braun und knusprig ist. In vier Stücke teilen und sofort servieren.

750 g mehligkochende Kartoffeln
Salz
Pfeffer
1 – 2 Zwiebeln, fein gehackt, nach Belieben
Erdnuss- oder Olivenöl zum Ausbacken

Variationen:
- Kartoffeln durch Süßkartoffeln ersetzen.
- Kleine Blumenkohlröschen, gewürfelte Paprika und fein geschnittenen Staudensellerie unter die Kartoffelmasse mischen, mit Tabascosauce und Thymian würzen.
- Fein geschnittene Sojawürstchen einrühren und die *Hash Browns* mit Gewürzgurken servieren.

Big Breakfast

English Muffins
Englische Muffins

Die aus England stammenden historischen Vorläufer der heute unter dem Namen »Muffins« bekannten kleinen Kuchen in Papierförmchen (siehe Seite 184) werden in Nordamerika »English Muffins« und in England »Bread Muffins« genannt. Sie werden aus einem Hefeteig gemacht und vor dem Backen mit Maismehl bestäubt. Vor dem Essen werden sie aufgeschnitten, getoastet und oft mit Butter und Marmelade oder Honig bestrichen. In den USA gehört das traditionsreiche Gebäck bis heute zum Standard-Frühstücksprogramm.

40 g frische Hefe
3 EL Vollrohrzucker
4 EL Wasser, lauwarm
500 g Weizenvollkornmehl
¼ l Milch oder Sojadrink, lauwarm
3 EL weiche Butter oder Margarine
¾ TL Salz
1 Ei
Mehl für die Arbeitsfläche
2 EL Maismehl

Hefe und 1 EL Zucker im lauwarmen Wasser auflösen. Mehl in eine Schüssel geben, in der Mitte eine Kuhle eindrücken, das Hefewasser hineingeben und mit dem umgebenden Mehl leicht verrühren. Milch oder Sojadrink, Butter oder Margarine, restlichen Zucker, Salz und Ei zugeben und verrühren. Mit den Händen noch etwas Mehl unterkneten, bis ein weicher Teig entstanden ist. Schüssel mit einem Tuch abdecken und an einem warmen, geschützten Ort etwa 1 Stunde gehen lassen.

Den Teig noch einmal kräftig durchkneten und auf einer bemehlten Arbeitsfläche zu einem etwa 2 ½ Zentimeter dicken Viereck ausrollen. Maismehl in einen tiefen Teller geben. Mit einem leeren Honigglas aus dem Teig Kreise ausstechen, in Maismehl wenden und auf ein mit Backpapier ausgelegtes Backblech setzen (dabei jeweils 2 Zentimeter Zwischenraum lassen). Das Blech in den leicht vorgewärmten Ofen schieben und noch einmal etwa 1 Stunde gehen lassen. Bei 180 °C etwa 10 Minuten backen, bis die English Muffins schön gebräunt sind. Anschließend die Muffins umdrehen und auch auf der andern Seite noch einmal etwa 10 Minuten backen.

Eggless Benedict
Falscher Benedict

1894 soll der Börsenmakler Lemuel Benedict im New Yorker Hotel Waldorf Astoria diese Speise so oft als Katerfrühstück verlangt haben, bis sie schließlich nach ihm benannt wurde. Hier eine eifreie Variante aus weichem Seidentofu.

Tofu gut abtropfen lassen, in acht Scheiben schneiden und in eine Schüssel legen. Zitronensaft, Olivenöl und Salz verquirlen und über den Tofu gießen. Mindestens 15 Minuten marinieren lassen, Flüssigkeit abgießen und den Tofu im Ofen bei 180 °C von beiden Seiten jeweils etwa 10 Minuten backen.

Für die Sauce Zwiebel im Öl glasig dünsten. Sojadrink, Zitronensaft und Gewürze zugeben, zum Kochen bringen und von der Kochstelle nehmen. Speisestärke in dem Wasser auflösen und mit dem Schneebesen einrühren. Sauce wieder auf die Kochstelle schieben und noch einige Minuten köcheln lassen, bis sie sämig ist.

Muffins halbieren, toasten, mit je 1 Scheibe vegetarischem Aufschnitt und 1 Scheibe gebackenem Tofu belegen. Je 1 EL Sauce darübergeben, 1 Tomatenscheibe auflegen und nochmals 1 EL Sauce aufstreichen. Mit Petersilie verzieren.

Für die »Eier«:
300 g Seidentofu
4 EL Zitronensaft, frisch gepresst
4 EL Olivenöl
¼ TL Salz

Für die Sauce:
½ Zwiebel, sehr fein gehackt
1 EL Olivenöl
¼ l Sojadrink, ungesüßt
1 ½ EL Zitronensaft
1 TL Estragon, getrocknet
½ TL Salz
1 Prise Kurkuma, gemahlen
1 Prise weißer Pfeffer
1 Prise Cayennepfeffer
½ TL Gemüsebrüheextrakt
1 ½ TL Speisestärke
2 EL Wasser

Dazu:
4 English Muffins (siehe Seite 56)
8 Scheiben geräucherter vegetarischer Weizen-Aufschnitt
8 Tomatenscheiben
einige Stängel Petersilie zum Garnieren

Big Breakfast

American Biscuits
Weiche Frühstücksbrötchen

Was den Begriff »Biscuit« *betrifft, herrscht im englischsprachigen Raum eine gewisse Sprachverwirrung. Während man in Großbritannien und im Commonwealth darunter einen mehr oder weniger harten Keks versteht, ist in den USA damit ein weiches, mit Backpulver als Triebmittel hergestelltes Brötchen gemeint, das eher an die englischen* »Scones« *erinnert. Beim Frühstück dienen amerikanische Biscuits als Zubiss für herzhafte Gerichte sowie als Unterlage für den besonders im Süden beliebten Frühstücksklassiker* »Biscuits and Gravy« *(siehe Seite 59).*

250 g Weizenvollkornmehl
½ Päckchen Backpulver
¼ TL Backsoda (Natron)
1 Prise Salz
80 g kalte Butter oder Margarine, in kleine Stücke geschnitten
200 ml Buttermilch
Mehl für die Arbeitsfläche

Mehl, Backpulver, Soda und Salz vermischen, Butter oder Margarine unterkneten. Zum Schluss die Buttermilch zufügen und auf einer bemehlten Unterlage am besten mit einer großen Gabel oder einem Pastry Blender (Teigmischer aus Edelstahl) gerade nur so weit vermischen, dass ein weicher, lockerer Teig entsteht. (Allzu ausführliches Kneten aktiviert das Klebereiweiß im Mehl und macht die Biscuits zäh.) Den Teig etwa 2 Zentimeter dick ausrollen und mit einem leeren Honigglas Kreise ausstechen. Auf ein mit Backpapier ausgelegtes Blech setzen und bei 180 °C 25 Minuten backen.

Variation:
- Schön würzig schmeckt das Gebäck, wenn Sie 50 g geriebenen Cheddar in den Teig geben und die *Biscuits* vor dem Backen mit Tabascosauce beträufeln.

Big Breakfast

Biscuits and Gravy
Biscuits mit Sahnesauce

Biscuits and Gravy *kennt man besonders im Süden der USA, traditionell als wärmendes, sättigendes Gericht vor der anstrengenden Feld- oder Plantagenarbeit. Mein Schwiegervater Gary Samples bestellt es sich immer, wenn wir zusammen frühstücken gehen, und erzählt uns dann von der harten Arbeit auf der kleinen Farm seiner Kindheit in den 1930er-Jahren in Monterey, Virginia. Jeden Morgen in aller Frühe habe es* Biscuits and Gravy *gegeben, dazu gebratene Kartoffeln und Eier. Das Leben sei mühsam gewesen, aber im Rückblick erinnere ihn der Geschmack an den Zusammenhalt der Familie in der Heimat. Für die Zubereitung der Sauce hat er mir ein für alle Mal eingeschärft: Sie muss mild würzig und vor allem richtig sahnig sein!*

Zwiebel in der Butter oder Margarine glasig dünsten, Räuchertofu und Champignons dazugeben und kurz mitdünsten lassen. Mehl einrühren und von der Kochstelle nehmen. Gemüsebrühe angießen und mit dem Schneebesen gut verrühren. Wieder auf die Kochstelle geben, einige Minuten köcheln lassen, mit Sahne binden und mit Sojasauce, Salz und Pfeffer abschmecken.

Biscuits aufschneiden, jeweils zwei Hälften auf einen Teller legen, die noch heiße Sauce darauf verteilen und sofort servieren.

1 Zwiebel, sehr fein gehackt
2 EL Butter oder Margarine
100 g Räuchertofu,
   fein gewürfelt
100 g Champignons,
   fein gewürfelt
2 EL Weizenvollkornmehl
300 ml kalte Gemüsebrühe
200 ml Schlagsahne
   oder Sojasahne
Sojasauce
Salz
Pfeffer
4 Biscuits, im Ofen
   aufgewärmt

Big Breakfast

Home Fries
Rustikale Bratkartoffeln

Am besten gelingen die zu einem ausführlichen US-amerikanischen Frühstück einfach dazugehörenden Home Fries *mit in der Schale vorgekochten oder -gedämpften Kartoffeln. Viele Abwandlungen mit verschiedenen Gewürzen und zusätzlichen Zutaten sind möglich. Ein typischer Begleiter ist natürlich eine ordentliche Portion Tomatenketchup.*

750 g festkochende oder vorwiegend festkochende Kartoffeln
1 – 2 Zwiebeln, grob gehackt, nach Belieben
Erdnuss- oder Olivenöl bzw. Butter oder Margarine zum Braten
Salz
Pfeffer
Chilipulver
Paprikapulver und/oder Knoblauchpulver

Kartoffeln in der Schale fast gar kochen oder dämpfen, abkühlen lassen und ungeschält in grobe Spalten oder Würfel schneiden. Im Fett mit den Zwiebeln von allen Seiten knusprig braun braten. Zum Schluss kräftig würzen.

Variationen
- Ganze, kleine Kartoffeln verwenden.
- Rohe Kartoffelstücke in Fett wenden, kräftig würzen und auf einem Blech im Backofen 40 bis 50 Minuten backen.
- »*Potatoes O'Brien*«: Kartoffeln mit je 1 entkernten und in Streifen geschnittenen roten und grünen Paprikaschote braten.
- »*Firehouse Potatoes*«: Entkernte und fein geschnittene Chilischote(n) mitbraten und zum Schluss Käse mit ganzen Pfefferkörnern auf den heißen Kartoffeln schmelzen lassen. Pro Person einen großen Klecks saure Sahne zum »Ablöschen« dazu reichen.

Light Lunch

Anders als in Deutschland ist das Mittagessen in den USA für die meisten Menschen nicht die warme Hauptmahlzeit des Tages. Das üppige Frühstück hält länger vor, die Kinder sind ganztags in der Schule und auch viele Erwachsene kehren erst am späten Nachmittag von der Arbeit nach Hause zurück. Vielerorts ist daher das warme Abendessen die gemeinsame Familienmahlzeit, bei der man ausführlicher am Tisch sitzt, die Ereignisse des Tages bespricht und neue Pläne schmiedet.

Mittags wird oft außer Haus gegessen. Nicht von ungefähr heißt die Brotdose in den USA »*lunchbox*« – die nimmt man sich mit oder besorgt sich unterwegs spontan eine Kleinigkeit. Die Mittagspause wird gern zur Pflege sozialer Beziehungen genutzt, man trifft sich mit Kolleginnen und Kollegen, verabredet sich mit Geschäftspartnern oder der besten Freundin. Oder man lädt ein paar Leute zu einem leichten Mittagessen zu sich nach Hause ein.

Der Vorteil eines kleineren Mittagessens liegt meiner Erfahrung nach vor allem darin, dass es die »Mittagsdelle« bei Konzentration und Leistungsfähigkeit nicht ganz so ausgeprägt ausfallen lässt. Die unbeschwertere Mahlzeit führt nicht zu bleierner Müdigkeit – im Gegenteil, sie peppt auf und gibt neuen Schwung. Alle Gerichte in diesem Kapitel sind schnell zubereitet und liegen leicht im Magen. Suppen und Salate sind die idealen Begleiter für eine angenehme Mittagspause. Sandwiches sind Klassiker, die sich hervorragend zu Hause vorbereiten und mitnehmen lassen. Und wenn es ein warmer Snack sein soll, gibt es auch hier eine große Auswahl kleiner, unkomplizierter Gerichte, wie sie gerade auch Kinder mögen. Selbst gemachte Eistees und Limonaden runden die leichte Lunch-Speisekarte genussvoll ab.

Light Lunch

Suppen

Creamy Tofu Soup
Tofucremesuppe

Ein ganz feines Süppchen und genau die richtige Stärkung in einer entspannenden Mittagspause!

2 Zwiebeln, gehackt
600 g mehlig- oder vorwiegend festkochende Kartoffeln, geschält und in Würfel geschnitten
2 EL Butter oder Margarine
½ l Gemüsebrühe
375 ml Milch oder Sojadrink, ungesüßt
200 g Seidentofu
3 EL Schlagsahne oder Sojasahne
Salz
Pfeffer
2 Lauchzwiebeln, in feine Ringe geschnitten
4 TL Leinsamen, frisch geschrotet

Zwiebeln und Kartoffeln in der Butter oder Margarine andünsten. Brühe und Milch oder Sojadrink zugießen, zum Kochen bringen und 20 Minuten köcheln lassen. Tofu zugeben und die Suppe im Mixer oder mit dem Pürierstab pürieren. Sahne einrühren und die Suppe mit Salz und Pfeffer abschmecken. In Suppenteller geben und mit Lauchzwiebelringen und Leinsamen bestreuen.

Cream of Corn Soup

Maiscremesuppe

Goldgelb und sahnig, dazu mit einer feinen Schärfe …!

Maiskörner im Mixer oder mit dem Pürierstab pürieren. Zwiebel in der Butter glasig dünsten, mit Mehl anschwitzen und mit der Gemüsebrühe ablöschen. Paprika und Maispüree zugeben und etwa 5 Minuten kochen. Mit Salz, Pfeffer, Kurkuma und Zitronensaft abschmecken. Sahne oder Sojasahne unterrühren und je nach persönlichem Geschmack und individueller Schärfeverträglichkeit mit Chilistreifen bestreuen.

800 g Gemüsemais, gegart
1 Zwiebel, gehackt
2 EL Butter oder Margarine
2 EL Weizenvollkornmehl
1 l Gemüsebrühe
1 rote Paprikaschote, gewürfelt
1 grüne Paprikaschote, gewürfelt
Salz
Pfeffer
Kurkuma, gemahlen
2 TL Zitronensaft
200 ml Schlagsahne oder Sojasahne
1 Chilischote, in feine Streifen geschnitten

Pumpkin Soup
Kürbissuppe

Besonders schön kommt diese Suppe zur Geltung, wenn wir von einem kleinen, etwa 2 Kilo schweren Hokkaidokürbis einen Deckel abschneiden, das Kerngehäuse entfernen und den Kürbis aushöhlen. Dann können wir die fertige Suppe in dem Kürbis servieren und beim Auffüllen mit der Suppenkelle für jeden ein paar frische Stücke Fruchtfleisch von der Wand lösen. Aber auch aus einem ganz normalen Topf schmeckt die Kürbissuppe herbstlich lecker.

750 g Kürbisfleisch, gewürfelt (z. B. Hokkaidokürbis)
1 l Gemüsebrühe
Salz
Pfeffer
1 Prise Vollrohrzucker
2 EL Butter oder Margarine
3 EL geröstete Kürbiskerne
1 Bund Petersilie, fein gehackt

Kürbis in der Gemüsebrühe etwa 20 Minuten garen und im Mixer oder mit dem Pürierstab pürieren. Mit Salz, Pfeffer und Zucker abschmecken.

Kurz vor dem Servieren Butter oder Margarine einrühren und die Suppe mit Kürbiskernen und Petersilie bestreuen.

Variationen:

○ Nehmen Sie 500 g Kürbisfleisch, 2 Möhren sowie 100 g rote Linsen und würzen Sie mit Kurkuma – die Suppe bekommt eine herrlich orangerote Farbe!

○ Dünsten Sie anfangs 1 Zwiebel und 1 EL Currypulver in der Butter oder Margarine an und geben Sie erst dann die übrigen Zutaten dazu.

○ Geben Sie etwas frischen Ingwer klein geschnitten in die Suppe.

○ Ersetzen Sie einen Teil der Brühe durch Sahne oder Sojasahne, frisch gepressten Orangensaft oder – besonders lecker! – Kokosmilch.

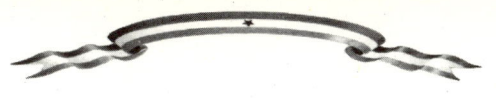

Kürbis

Wussten Sie, dass Kürbisse botanisch gesehen Beeren sind? Auch wenn es die größten Früchte im Pflanzenreich sind (der Weltrekord liegt bei 821 kg!) – es sind »Panzerbeeren« mit relativ harter Außenschicht und vielen, vielen Samen. Bis auf diese Gemeinsamkeit ist bei den vielgestaltigen Kürbissen alles möglich. Sie können außen glatt, stachelig, runzelig oder schrundig sein, die Farbenvielfalt reicht von Blassgelb bis Schwarzgrün, die Form von flaschen- oder birnenförmig bis kugelrund, die Größen von handlich klein bis riesig dick. Je nach ihrer Verwendung wird zwischen Speise-, Öl- und Zierkürbissen unterschieden.

Die gemeinsame Heimat all dieser vielen Kürbissorten ist der amerikanische Kontinent. Schon lange vor Kolumbus' Ankunft gab es dort eine große Vielfalt domestizierter Sorten. Die ältesten Samenfunde werden auf 8000 bis 10 000 v. Chr. datiert. Die indianische Urbevölkerung kochte, briet und backte Kürbis als Gemüse und trocknete das rohe, in Streifen geschnittene Fruchtfleisch für den Winter. Sprossspitzen und Blätter verwendete sie wie Gemüse und röstete die Samen zum Knabbern.

In meiner Kindheit gab es in deutschen Hausgärten hauptsächlich Riesenkürbisse, deren Fruchtfleisch ausschließlich süßsauer eingelegt wurde. Als ich die ersten Male in die USA kam, war ich überwältigt von der Kürbisvielfalt und den vielen verschiedenen Zubereitungsarten. Vor allem die unter dem Oberbegriff »*Squash*« geführten, kleineren oder länglichen Kürbisse hatte ich vorher noch nie gesehen. (»*Summersquash*« bezeichnet alle Sorten, die frisch geerntet verwendet werden und nicht lange lagerfähig sind, »*Wintersquash*« die dickschaligeren Sorten, die bis in den Winter hinein aufgehoben werden können.) Besonders beliebt ist der »*Butternut Squash*« mit seiner schönen, hellen Farbe und seinem feinem Aroma. Weit verbreitet ist der Brauch, zu Halloween Kürbisse auszuhöhlen, zu Grimassen zu schnitzen und mit Kerzen in Laternen zu verwandeln. Dafür wurde sogar eine eigene Kürbissorte namens »Jack-o'-lantern« (= Jack mit der Laterne) gezüchtet.

Sehr fantasievoll ist von jeher auch die amerikanische Kürbisküche. Ob herzhaft oder süß – Kürbis ist eine gängige Zutat zu Gemüsen, Suppen, Kuchen und Süßspeisen. Mein absoluter Favorit ist der herrlich cremige, süß-würzige *Pumpkin Pie* (siehe Seite 171). Backen Sie ihn nach und freuen Sie sich auf neuartige Kürbisgenüsse!

Light Lunch

Lemon Lentil Soup with Zucchini
Zitronige Zucchini-Linsen-Suppe

Der bereits in der Einführung erwähnte, engagierte Tierschützer aus Tampa, Florida, der mir dieses Rezept mit einem herzlichen Gruß an alle »verwandten Seelen« in Deutschland überließ, kombiniert hier sehr schön den vertrauten, eher erdigen Geschmack von Linsen mit der Frische und Leichtigkeit von Zitronen. Thanks a lot, you kindred soul, you'll always be in my mind!

200 g Linsen
1 l Gemüsebrühe
1 unbehandelte Zitrone
1 Zwiebel, gehackt
2 Knoblauchzehen, zerdrückt
3 EL Olivenöl
1 Kartoffel, geschält und gewürfelt
100 g Staudensellerie, gewürfelt
½ TL schwarzer Pfeffer
250 g Zucchini, gewürfelt
1 TL Koriander, gemahlen
½ TL Kreuzkümmel (Cumin), gemahlen
½ Bund Korianderblätter, gehackt
½ Bund Petersilie, gehackt
Salz

Linsen in der Gemüsebrühe 30 Minuten köcheln lassen. Zitrone auspressen und Schalenhälften aufbewahren. Zwiebel und Knoblauch in Öl glasig dünsten, Kartoffeln, Sellerie und Pfeffer zugeben und einige Minuten mitdünsten lassen. Ausgepresste Zitronenhälften und Gemüsemischung zu den Linsen geben und weitere 10 Minuten köcheln. Nun Zucchini, Koriander und Kreuzkümmel zugeben und noch einmal 10 Minuten kochen. Zum Schluss Zitronenhälften herausnehmen, Kräuter unterrühren und die Suppe mit Salz und Zitronensaft abschmecken.

Mixed Bean Soup
Bunte Bohnensuppe

So ungefähr könnte er ausgesehen haben, der Eintopf aus getrockneten Hülsenfrüchten, den sich die Cowboys in ihren zerbeulten Kochgeschirren über dem Lagerfeuer köchelten. Die gesunde Mischung aus roten Kidneybohnen, schwarzen Bohnen, Pintobohnen, Sojabohnen, weißen Bohnen, braunen Linsen, grünen Linsen und Kichererbsen mit der Bezeichnung »Bunte Hülsenfrüchte« bekommen Sie im Naturkostladen.

Die Hülsenfrüchte über Nacht in reichlich Wasser einweichen und am nächsten Tag abgießen. Eingeweichte Hülsenfrüchte in der Gemüsebrühe etwa 45 Minuten kochen. Suppengrün und Kartoffeln zugeben und weitere 15 Minuten kochen lassen. Mit Salz, Pfeffer und einem kräftigen Schuss Sojasauce abschmecken und mit der Petersilie bestreuen.

Am besten schmeckt dazu eine mit Knoblauchbutter aufgebackene Stange Baguette.

250 g Bunte Hülsenfrüchte
1 l Gemüsebrühe
1 Bund Suppengrün, klein geschnitten
4 Kartoffeln, geschält und grob gewürfelt
Salz
Pfeffer
Tamari-Sojasauce
½ Bund Petersilie, fein gehackt

Light Lunch

Cold Avocado Soup
Kalte Avocadosuppe

Fast alle in den USA zum Verkauf angebotenen Avocados sind im Land selbst gewachsen, über 90 Prozent in Kalifornien, der Rest in Florida. In Kalifornien konzentriert sich der Anbau auf den San Diego County im Süden. 24 000 Hektar sind hier mit Avocadobäumen bepflanzt. Fallbrook in Kalifornien nennt sich »Avocado-Hauptstadt der Welt« und sowohl in Fallbrook als auch in Carpinteria gibt es jährliche Avocado-Festivals. Manfred Pietrzok, der längere Zeit in Kalifornien lebte, erzählte mir, an den dortigen Marktständen würden die Früchte je nach optimaler Verzehrreife tageweise ausgelegt: Avocados für heute, für morgen, für übermorgen ... Ein Traum für jeden wahren Avocadofan!

Wegen ihres hohen Gehalts an gesunden Fetten, Eiweiß und diversen Vitaminen sind Avocados für VegetarierInnen ganz besonders interessant. Die in Kalifornien zum Lunch servierte Suppe schmeckt herrlich erfrischend – perfekt für einen heißen Sommertag!

2 reife Avocados, geschält und entkernt
4 EL Zitronensaft
2 TL Basilikum in Öl
1 l Buttermilch
1 TL Meerrettich
Salz
Pfeffer
4 kleine Tomaten, in Scheiben geschnitten
einige frische Basilikumblätter

Avocados mit Zitronensaft, Basilikum in Öl und Buttermilch im Mixer oder mit dem Pürierstab pürieren. Mit Meerrettich, Salz und Pfeffer abschmecken und mit den Tomatenscheiben und Basilikumblättern garnieren.

Light Lunch

Parsnip Peanut Soup
Pastinaken-Erdnuss-Suppe

Pastinaken sind, wie in England, in den USA als Wintergemüse sehr beliebt. In dieser Suppe machen sie außerdem noch alle Erdnussfans glücklich.

Zwiebel und Knoblauch in der Butter oder Margarine glasig dünsten. Pastinaken dazugeben und mitdünsten lassen. Brühe mit Erdnussmus mischen, mit Salz, Muskat, Pfeffer und Lorbeerblatt würzen und zugedeckt etwa 45 Minuten köcheln lassen. Lorbeerblatt entfernen, die Suppe im Mixer oder mit dem Pürierstab pürieren und mit den gesalzenen Erdnüssen und der Petersilie bestreuen.

1 Zwiebel, grob gehackt
2 Knoblauchzehen, zerdrückt
1 EL Butter oder Margarine
3 mittelgroße Pastinaken, in Würfel geschnitten
1 l Gemüsebrühe
50 g Erdnussmus
½ TL Salz
½ TL Muskatnuss, frisch gerieben
Pfeffer
1 Lorbeerblatt
2 EL geröstete und gesalzene Erdnüsse, gehackt
1 Bund Petersilie, fein gehackt

Light Lunch

Butternut Squash Pear Soup
Butternusskürbis-Suppe mit Birnen

Der auffällig helle, gelbe »Butternusskürbis« ist in der nordamerikanischen Küche wegen seines zarten Fruchtfleisches und seines feinen, buttrig nussigen Geschmacks mit Recht sehr beliebt. In gut sortierten Gemüseläden und auf Wochenmärkten ist er im Herbst auch bei uns zu bekommen. Wer Lust hat, kann ihn problemlos im eigenen Garten anbauen. Seine Form erinnert stark an Birnen, manchmal wird er deshalb auch »Birnenkürbis« genannt. Was liegt da näher, als ihn in einer feinen Suppe mit Birnen zu kombinieren? Kokosmilch gibt dem Ganzen noch genau den richtigen Dreh. Die Rezeptidee verdanke ich Dorothe Poggel und einem Geheimtipp aus Boston. Thanks so much!

2 mittelgroße Stangen Lauch, fein gehackt
3 EL Olivenöl
750 g Butternusskürbis, geschält und grob gewürfelt, ersatzweise Hokkaidokürbis
500 g Birnen, geschält, entkernt und grob gewürfelt
750 ml Gemüsebrühe
200 ml Kokosmilch
1 TL Thymian, frisch gehackt
Salz
Pfeffer
geröstete Kürbiskerne

Lauch im Öl glasig dünsten, Kürbis und Birnen zugeben und etwa 5 Minuten mitdünsten lassen, mit Gemüsebrühe ablöschen und zum Kochen bringen.

Das Gemüse etwa 20 Minuten garen lassen, bis der Kürbis weich ist. (Bei Bedarf noch etwas Brühe hinzufügen.) Kokosmilch zugeben und im Mixer oder mit dem Pürierstab pürieren.

Zuletzt mit Thymian, Salz und Pfeffer würzen, auf Teller verteilen und mit Kürbiskernen bestreuen.

Light Lunch

Rice Bean Soup with Kale
Reis-Bohnen-Suppe mit Grünkohl

Wer sagt denn, dass nur die Norddeutschen ihren Grünkohl schätzen? In den USA wird der aromatische Kohl mit den unzähligen gesunden Nährstoffen unter dem Namen »kale« angebaut und als Blattgemüse geschätzt. Junge, zarte Grünkohlblätter finden sich auch in so manchen Salaten wieder. Gemeinsam mit der Petersilie geben sie in dieser kräftigen Suppe genau das richtige grüne Licht.

Reis in das kochende Wasser einstreuen und bei niedriger Temperatur etwa 30 Minuten (je nach Packungsangabe) garen. Zwiebel und Knoblauch im Öl glasig dünsten. Tomaten mit einem Kartoffelstampfer zerdrücken und mit der Brühe, dem Grünkohl und den Kräutern zugeben, zum Kochen bringen und etwa 20 Minuten köcheln lassen, bis der Grünkohl gar ist. Die Hälfte der Bohnen im Mixer oder mit dem Pürierstab pürieren und mit den restlichen Bohnen, dem Reis, der Petersilie und dem Essig in die Suppe rühren. Einige Zeit durchziehen lassen und mit Salz und Pfeffer abschmecken.

100 g Naturreis
etwa ¼ l Wasser
1 Zwiebel, grob gehackt
1 Knoblauchzehe, zerdrückt
1 EL Olivenöl
300 g Tomaten, abgebrüht, geschält und geviertelt
200 g Grünkohlblätter, gehackt
750 ml Gemüsebrühe
¼ TL Oregano, getrocknet
¼ TL Rosmarin, getrocknet
240 g Kidneybohnen, gekocht
½ Bund Petersilie, fein gehackt
1 TL Balsamico-Essig
Salz
Pfeffer

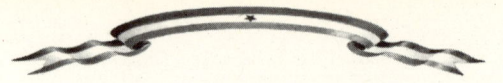

Wildreis – der »Indianerreis«

Wildreis ist eine ursprünglich wildwachsende Wasserpflanze, die im niedrigen Wasser nordamerikanischer Seen gedeiht und für die Ernährung der dort lebenden Ureinwohnerinnen und Ureinwohner eine entscheidende Rolle spielte. Auch heute noch wird der Wildreis von den Chippewas auf traditionelle Weise geerntet. Sie fahren mit ihren schmalen Kanus zwischen die Pflanzen, legen mit einem Stock die Halme in das Boot und klopfen mit einem zweiten Stock dagegen. Die Samen fallen aus den Rispen auf den Kanuboden und werden eingesammelt. Einige fallen dabei unweigerlich ins Wasser, was durchaus beabsichtigt ist, weil sich daraus wieder neue Pflanzen bilden – ein schönes Beispiel für echte Nachhaltigkeit.

Die langen, schwarzen Wildreiskörner gelten wegen ihres feinen, nussigen Aromas als Delikatesse. Weil die Ernte in den natürlichen Beständen so aufwendig ist, war er lange Zeit auch ziemlich teuer. Inzwischen werden z. B. in Kalifornien auch großflächig Wildreis-Hybridsorten in speziellen Bassins angebaut. Außerdem werden Sorten gezüchtet, bei denen die Körner nicht so leicht herausfallen, sodass sie einen höheren Ertrag haben.

Frisch geernteter Wildreis ist relativ feucht, deshalb werden die Körner in der Sonne zum Trocknen ausgebreitet. Dabei bekommen sie auch erst ihre dunkelbraune bis schwarze Färbung. Anschließend werden sie mit Pappelholz in sogenannten Röstertrommeln gedarrt. Zum Schluss werden die Körner noch entspelzt.

Rund 80 Prozent der in Nordamerika produzierten Wildreisernte stammen mittlerweile aus konventionellen Zuchtbetrieben. Mit Hilfe von Pestiziden und Kunstdünger kann der Ertrag von 85 auf 1000 Kilogramm pro Hektar gesteigert werden. Die maschinelle Ernte, bei der riesige »Mähdrescher« durchs Wasser fahren, sorgt zusätzlich für höhere Erträge (und damit für niedrige Preise), aber auch für eine anhaltende Schädigung sensibler Uferzonen.

Bio-Wildreis stammt aus wildwachsenden Beständen (»zertifizierter Wildwuchs«) ohne Pestizide und synthetische Dünger. An den Ufern abgelegener kanadischer Seen werden dafür spezielle Bereiche abgesteckt.

Für die nordamerikanische Urbevölkerung ist und bleibt der Wildreis ein Grundnahrungsmittel. Der in ihrem seit der Gründung ausschließlich von ihnen selbst verwalteten und bewirtschafteten Red-Lake-Reservat im nördlichen Minnesota auf traditionelle Weise geerntete Wildreis ist auch bei uns erhältlich – eine nicht ganz preiswerte, dafür aber umso köstlichere Delikatesse!

Light Lunch

Minnesota Wild Rice Soup
Wildreissuppe aus Minnesota

Wildreis ist ein traditionelles Hauptnahrungsmittel der noch heute im Norden des seenreichen US-Bundesstaates Minnesota lebenden Chippewas. Fair gehandelten Bio-Wildreis aus dem Red-Lake-Reservat gibt es auch hierzulande zu kaufen. Die nahrhafte, wunderbar mild schmeckende Wildreissuppe gilt als Minnesota-Spezialität.

Wildreis oder Reismischung in leicht gesalzenem Wasser etwa 40 Minuten (nach Packungsangabe) garen. Zwiebel in der Butter oder Margarine andünsten, Mehl dazugeben, von der Kochstelle nehmen und die Brühe mit dem Schneebesen einrühren. Zurück auf die Kochstelle schieben, aufkochen lassen, Möhren und Sellerie zugeben und 5 Minuten köcheln lassen. Zuletzt Wildreis, Milch oder Sojadrink und Sahne oder Sojasahne einrühren und die Suppe mit Salz und Pfeffer abschmecken.

100 g Wildreis oder Wild-Naturreis-Mischung
Salz
¼ l Wasser
1 kleine Zwiebel, fein gehackt
2 EL Butter oder Margarine
2 EL Weizenmehl
150 ml Gemüsebrühe
2 Möhren, grob geraspelt
2 Stangen Staudensellerie, sehr fein geschnitten
100 ml Milch oder Sojadrink, ungesüßt
100 ml Schlagsahne oder Sojasahne
Pfeffer

Light Lunch

Salate & Sandwiches

Veggie Sticks with Skinny Ranch Dip
Rohkostplatte mit magerem Ranch-Dip

Mit einem würzigen Dip rutscht frische Gemüserohkost gleich viel besser. Besonders Kinder lieben es, ihre Gemüsesticks einzutunken. Aber ich habe auch schon Erwachsene erlebt, die nach dem Ranch-Dip süchtig waren. Da meine Variante gegenüber dem Original ordentlich Fettkalorien spart, ist dies auch überhaupt kein Problem.

Erfunden wurde der Ranch-Dip übrigens 1954 als Salatdressing von Steve und Gayle Henson auf ihrer Hidden Valley Ranch bei Santa Barbara in Kalifornien. Ihre Gäste waren von dem Hausdressing so angetan, dass die Hensons auf die Idee kamen, es in Flaschen zu verkaufen, und später sogar eine Fabrik zu dessen Herstellung eröffneten. Ranch-Dressing ist heute in den USA das beliebteste Salatdressing überhaupt. 1972 wechselte die Marke die Besitzer – für 8 Millionen Dollar! Da ist sie mal wieder, die berühmte amerikanische Geschichte »Vom Tellerwäscher zum Millionär …«

Rohkost auf einer Platte appetitlich anrichten.
Alle Dip-Zutaten verrühren, mit Pfeffer und
Kräutersalz abschmecken – fertig!

Für die Rohkostplatte:
750 g frisches Gemüse, z. B.:
Möhren in schmalen Stiften
Brokkoliröschen
Blumenkohlröschen
Staudensellerie in
  länglichen Stücken
Zuckerschoten
Kohlrabistücke
Tomatenviertel
Gurkenstifte
Spinat- oder Salatblätter
Weißkohl, grob geschnitten
Zucchinischeiben …

Für den Dip:
250 g saure Sahne
50 ml Buttermilch
50 g fettarme Mayonnaise
  oder Tofunaise
1 ½ TL Zwiebelpulver
½ TL Knoblauchpulver
1 EL Zitronensaft
½ Frühlingszwiebel,
  sehr fein gehackt
1 Stängel Petersilie,
  sehr fein gehackt
Pfeffer
Kräutersalz

Light Lunch

Kidney Bean Salad
Kidneybohnensalat

Die ursprünglich aus Mittelamerika stammende Kidneybohne verdankt ihren Namen dem nierenförmigen Aussehen. Mit ihrer dunkelroten bis violetten Schale macht sie in vielen Gerichten eine gute Figur. Ihre mehlige Konsistenz und ihr leicht süßlicher Geschmack werden gerade in schärferen Gerichten als angenehme Ergänzung geschätzt. Nicht wegzudenken ist sie deshalb auch aus dem klassischen Chili (siehe Seite 123). Hier ist sie Hauptzutat eines ebenso erfrischenden wie nahrhaften Bohnensalats.

Kidneybohnen, Avocados, Paprika und Kräuter mischen, mit Zitronensaft, Öl, Essig, Salz und Pfeffer abschmecken.

500 g Kidneybohnen, gekocht
2 reife Avocados, klein geschnitten
2 rote Paprikaschoten, klein geschnitten
4 EL frische Kräuter, fein gehackt
Saft einer unbehandelten Zitrone
4 EL Olivenöl
2 EL Balsamico-Essig
Salz
Pfeffer

Light Lunch

Spinach Salad with Pine Nut Dressing
Spinatsalat mit Pinienkerndressing

Die extrem nahrhaften, vom Aroma her leicht an Tannenharz erinnernden Samen aus den Zapfen der Pinie bildeten eine wichtige Nahrungsgrundlage der ersten Amerikanerinnen und Amerikaner. Sie sammelten die Kerne im Oktober und November, bewahrten sie für den Winter auf und verwendeten die Kerne in Suppen, Salaten, Pfannkuchen und Desserts. Der hohe Gehalt an pflanzlichem Fett und andere wertvolle Nährstoffe halfen ihnen, die harten Winter zu überstehen.

Probieren Sie es z. B. auch einmal mit einer pürierten, mit Kräutern abgeschmeckten Suppe aus in Milch und Brühe gegarten Pinienkernen.

50 g junge Spinatblätter
100 g Babymöhren
50 g Schafskäse, in kleine Würfel geschnitten
2 EL getrocknete Cranberrys

Für das Dressing:
2 EL Balsamico-Essig
2 EL Sojasauce
2 EL Olivenöl
¼ TL Vollrohrzucker
½ TL Senfkörner, gemahlen
2 EL Pinienkerne, gemahlen

Spinatblätter, Möhren, Schafskäse und Cranberrys in einer Schüssel mischen. Essig, Sojasauce, Olivenöl und Zucker verquirlen, gemahlene Senf- und Pinienkörner einrühren und unter den Salat heben.

Light Lunch

Lunchbox Salad
Brotdosensalat

Moderne Großstadtindianer müssen auf andere Weise für ihren Proviant sorgen. Wie wäre es mit dem bewährte Brotdosensalat?

Joghurt, Öl, Essig und Piment oder Kurkuma in einer Salatschüssel verquirlen. Möhren, Apfel, Trauben, Sellerie und Cranberrys unterheben.

Soll der Salat mitgenommen werden, die Sauce in einem kleinen Behältnis extra abfüllen und die übrigen Zutaten mit etwas Zitronensaft beträufeln, damit sie nicht braun werden.

2 EL Joghurt
2 EL Olivenöl
2 TL Apfelessig
¼ TL Piment oder Kurkuma, gemahlen
2 große Möhren, grob geraspelt
1 Apfel, grob geraspelt
200 g Trauben, halbiert
2 Stangen Staudensellerie, in dünnen Streifen
50 g getrocknete Cranberrys
Zitronensaft nach Belieben

Light Lunch

Carrot Salad with Walnuts and Cranberries
Möhrensalat mit Walnüssen und Cranberrys

Am besten schmeckt dieser Salat natürlich mit echten kalifornischen Walnüssen!

2 EL Joghurt
2 EL Frischkäse
2 EL Apfelessig
1 EL Zitronensaft, frisch gepresst
1 EL Dijon-Senf
2 EL Walnussöl
½ TL Salz
400 g Möhren, grob geraspelt
4 EL getrocknete Cranberrys
80 g Walnusskerne, ohne Fett in der Pfanne geröstet

Joghurt, Frischkäse, Essig, Zitronensaft, Senf und Öl in einer Salatschüssel verquirlen und mit Salz abschmecken. Möhren und Cranberrys unterheben, mit Walnüssen bestreuen.

Kalifornische Walnüsse

Walnüsse sind uralte Kulturpflanzen. Entsprechende Funde belegen, dass sie bereits vor 9000 Jahren verzehrt wurden. Ursprünglich stammen sie aus Persien, doch schon die Griechen verbreiteten sie im gesamten Mittelmeerraum und die Römer brachten sie über die Alpen nach Nordeuropa.

Mit den ersten Handelsschiffen gelangten sie schließlich in die Neue Welt, wo sie allerdings lange Zeit noch als Rarität gehandelt wurden. 1868 erstand der Gärtner Joseph Sexton in San Francisco ein Säckchen mit den exotischen Früchten, zog daraus kleine Pflänzchen und legte in der Nähe von Santa Barbara den ersten Walnussgarten an. Andere machten es ihm nach und der kommerzielle Anbau begann.

Lange blieb Frankreich führend in der Walnussproduktion, exportierte Anfang des 20. Jahrhunderts doppelt so viele Nüsse in die USA wie in Kalifornien geerntet wurden. Als der Erste Weltkrieg die Einfuhr französischer Walnüsse unmöglich machte, nutzten die kalifornischen Farmer ihre Chance, bauten neue, dem kalifornischen Klima angepasste Sorten an und erweiterten ihre Anbauflächen.

Heute findet man in Kalifornien überall Walnussgärten und der Westküstenstaat ist weltweit zum größten Walnussproduzenten geworden. Wichtigste Anbaugebiete sind das San Joaquin Valley und das Sacramento Valley, die zentrale Küstenregion und der Süden des US-Bundesstaates. Der Anteil an der Weltproduktion liegt bei mehr als 65 Prozent. Auf ca. 80000 Hektar werden mehr als 300000 Tonnen Walnüsse pro Jahr geerntet. Der größte Teil wird in den USA selbst verbraucht, der Rest in viele Länder exportiert. (Hauptabnehmer ist Deutschland.)

Walnüsse aus konventionellem Anbau haben meist helle, gebleichte Schalen. Bio-Walnüsse dagegen werden ausschließlich mechanisch gereinigt. Die dunkle Färbung ist eine natürliche chemische Reaktion der Walnussschalen mit dem Sauerstoff in der Luft. Auf diese Weise ist die Bioware einfach zu erkennen.

Walnüsse schmecken nicht nur lecker, sie enthalten auch hochpotente antioxidative Wirkstoffe sowie pflanzliche Omega-3-Fettsäuren und andere ungesättigte Fettsäuren. Der regelmäßige Verzehr von Walnüssen hilft, unsere Blutfettwerte positiv zu beeinflussen und soll sogar gegen Alzheimer vorbeugend wirken.

Walnüsse sind also gut für Herz und Hirn. Die Empfehlung lautet, täglich eine kleine Handvoll zu knabbern. Das ist ganz einfach umzusetzen, denn sie sind für die unterschiedlichsten Gerichte eine echte Bereicherung.

Light Lunch

Lentil Salad
Linsensalat

Zu den wichtigsten Anbaugebieten der kleinen, schwarzen Belugalinsen gehören Kanada und der Norden der USA. Wegen ihres eleganten Aussehens und ihrer knackigen Konsistenz werden sie auch als »Kaviar der Vegetarier« bezeichnet. Lassen Sie es sich schmecken!

200 g Belugalinsen
1 Lorbeerblatt
600 ml Wasser
3 EL Olivenöl
2 EL Rotweinessig
2 Knoblauchzehen, zerdrückt
2 TL Dijon-Senf
4 Stängel Dill, fein gehackt
150 g Staudensellerie, fein gewürfelt
150 g Salatgurke, geschält und fein gewürfelt
50 g Fenchel, fein gewürfelt
100 g Gemüsemais, gegart
1 Zwiebel, fein gewürfelt
Salz
Pfeffer

Linsen mit Lorbeerblatt und dem Wasser zum Kochen bringen und 20 Minuten leise köcheln lassen. Abgießen, Lorbeerblatt entfernen und abkühlen lassen. Öl, Essig, Knoblauch, Senf und Dill verquirlen. Linsen, Sellerie, Gurke, Fenchel, Mais und Zwiebel unterziehen. Mit Salz und Pfeffer abschmecken.

Light Lunch

Apple Salad
Apfelsalat

Apfelplantagen gehören zum typischen Bild des ländlichen Amerikas. Die USA sind weltweit einer der führenden Apfelproduzenten. Im Bioanbau von Äpfeln ist der Bundesstaat Washington landesweit führend. Die Anzahl der bereits anerkannten oder in Umstellung befindlichen Flächen steigt ständig.

Apfelwürfel mit dem Zitronensaft beträufeln. Nüsse, Ahornsirup und Vanillezucker unterheben. Sahne fast steif schlagen und Zucker und Zimt dazugeben. Apfelsalat in Schälchen anrichten und jeweils einen Klacks Zimtsahne aufsetzen.

4 Äpfel, geschält und in kleine Würfel geschnitten
2 EL Zitronensaft, frisch gepresst
50 g Haselnüsse, grob gehackt und ohne Fett in der Pfanne geröstet
2 EL Ahornsirup
1 TL Vanillezucker
100 ml Schlagsahne
1 TL Vollrohrzucker
½ TL Zimt, gemahlen

Light Lunch

Three Bean Salad
Salat von dreierlei Bohnen

Ein amerikanischer Klassiker und zugleich der Lieblingssalat meiner leider viel zu früh verstorbenen Schwägerin Susan Wilkins.

300 g grüne Bohnen
300 g gelbe Bohnen (Wachsbohnen)
300 g frische Dicke Bohnen (ersatzweise Kidneybohnen, gekocht)
Salz
1 grüne Paprikaschote, fein gewürfelt
2 rote Zwiebeln, grob gehackt
1 Knoblauchzehe, zerdrückt
140 ml Essig
1 EL Vollrohrzucker
4 EL Olivenöl
½ TL vegetarische Worcestersauce
Pfeffer

Bohnen in Salzwasser etwa 15 bis 20 Minuten garen und abkühlen lassen. Mit Paprika und Zwiebeln mischen. Die restlichen Zutaten zu einer Salatsauce vermischen und unterrühren. Mit Salz und Pfeffer abschmecken.

Light Lunch

Five Cup Salad
Fünf-Tassen-Salat

Sollte meine Schwägerin Susan zu einem Fest etwas zu essen mitbringen, wünschten sich alle ganz unbedingt ihren süß-fruchtigen Fünf-Tassen-Salat. Wählen Sie für das Maßnehmen in Ihrer Küche eine Tasse aus, die etwa ¼ Liter fasst.

Alle Zutaten vermischen und den Salat vor dem Servieren einige Stunden im Kühlschrank durchziehen lassen.

1 Tasse saure Sahne (200 g)
1 Tasse Kokosraspel (70 g)
1 Tasse vegetarische Marshmallows (ohne Gelatine), klein gewürfelt (50 g)
1 Tasse Ananas, klein gewürfelt (200 g)
1 Tasse Mandarinenschnitze, filetiert (175 g)

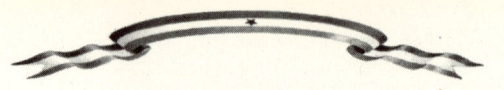

Wrigley's Spearmint

Die »Wrigley Jr. Company«, weltgrößter Hersteller von Kaugummi, hat ihren Hauptsitz in Chicago. Gegründet wurde das Unternehmen am 1. April 1891 von William Wrigley Jr., der anfangs Seife und Backpulver produzierte und 1893 in die Kaugummiproduktion einstieg – eine gute Entscheidung, wie sich herausstellte. Wrigley's Spearmint, der noch im gleichen Jahr von ihm auf den Markt gebrachte Streifenkaugummi in der weißen Verpackung mit Pfeil, wird noch heute erfolgreich verkauft. Neben Wrigley's Juicy Fruit ist es die älteste noch auf dem Markt befindliche Kaugummisorte.

Die 1920 erbaute Firmenzentrale, das »Wrigley Building«, ist heute ein Wahrzeichen der Stadt Chicago. Das Unternehmen setzt jährlich mehrere Milliarden US-Dollar um und beschäftigt weltweit fast 15 000 Menschen.

Die Pflanze, deren unverwechselbarem Aroma die »Wrigley Jr. Company« den Erfolg verdankt, ist eine ursprünglich in Europa beheimatete Minzeart mit dem botanischen Namen *Mentha spicata*. Die in England und Nordamerika gebräuchliche Bezeichnung »*Spearmint*« wird auf die speerförmig zulaufenden Blätter zurückgeführt. Eine andere Interpretation weist auf die eher hohe und spitze, statt buschige Wuchsform der Pflanze hin.

Das Spearmint-Aroma ist so beliebt, dass es als Zusatz in Süßigkeiten, aber auch in Zahnpasten, Shampoos und Seifen weit verbreitet ist. Spearmint-Blätter lassen sich in der Küche zum Garnieren von Getränken, Obstsalat und Gemüse sowie zum Würzen von Suppen und Saucen verwenden. Der Tee aus den Blättern ist erfrischend und gilt als besonders magenschonend.

Speerminze lässt sich ganz einfach selbst anbauen, am besten in einem Kübel, weil die Pflanze wie alle Minzearten unterirdische Ausläufer treibt, die in Gartenbeeten bald unkontrollierbar um sich greifen. Die Überwinterung der auch sonst in jeder Hinsicht anspruchslosen Pflanze ist unproblematisch.

Probieren Sie es aus, holen Sie sich ein Exemplar aus einer gut sortierten Kräutergärtnerei und greifen Sie bei Bedarf jederzeit auf Ihren ganz persönlichen Nachschub an dem köstlichen Spearmint-Aroma zurück.

Light Lunch

Wrigley's Garden Salad
Wrigleys Gartensalat

Wer diesen minzfrischen Salat verzehrt, braucht sich um seinen Atem keine Sorgen mehr zu machen. Weil er so wunderbar nach Spearmint schmeckt, ist er nach dem Erfinder des gleichnamigen Kaugummis benannt.

Zucchini, Gurke, Tomaten, grüne Blätter und Kräuter mischen und den Salat mit Salz, Öl und Essig abschmecken.

1 mittelgroßer Zucchino, grob gewürfelt
1 kleine Salatgurke, grob gewürfelt
12 Cocktailtomaten
je 1 Handvoll Mangold-, Spinat- und Sauerampferblätter, in 1 cm breite Streifen geschnitten
1 Bund Zitronenmelisse, grob gehackt
1 Bund Spearmint-Minze, grob gehackt
1 TL Kräutersalz
2 EL Öl
1 EL Balsamico-Essig

Light Lunch

Waldorf Salad
Waldorfsalat

Chefkoch Oscar Tschirky, zeitlebens nur »Oscar of the Waldorf« genannt, kredenzte 1893 zur feierlichen Eröffnung des New Yorker Waldorf Astoria seine neue Erfindung, die ihm kulinarischen Weltruhm einbrachte. Hier eine modernisierte Variante:

2 – 3 junge Sellerieknollen, grob geraspelt
3 säuerliche Äpfel, grob geraspelt
100 g Walnüsse, grob gehackt
Saft einer unbehandelten Zitrone
4 EL Mayonnaise oder Tofunaise
Salz
Pfeffer
1 Prise Vollrohrzucker
4 EL Schlagsahne

Sellerie, Äpfel, Walnüsse und Zitronensaft mischen. Mayonnaise oder Tofunaise mit Salz, Pfeffer und Zucker würzen und glatt rühren. Sahne steif schlagen, unter die Creme heben und in den Salat mischen. Zugedeckt im Kühlschrank etwa 30 Minuten durchziehen lassen.

Peas in a Chicory Pod
Erbsensalat in Chicorée-Schiffchen
Das ideale Party-Mitbringsel – immer ein Erfolg!

Erbsen, Zwiebel, Sellerie und Käse mischen. Mayonnaise oder Tofunaise unterziehen, mit Salz und Pfeffer abschmecken und im Kühlschrank durchziehen lassen.

Kurz vor dem Servieren die Enden der Chicorée so abschneiden, dass sich die einzelnen Blätter leicht ablösen lassen. An der runden Unterseite der Blätter vorsichtig einen kurzen, flachen Streifen abschneiden, damit sie eine sichere Standfläche bekommen.

Die Blätter mit Erbsensalat füllen, mit Petersilienzweigen und einem Klecks Tomatenmark oder -ketchup verzieren und wie Schiffchen auf einer großen Platte anrichten. *Ahoy!*

1 große Dose Erbsen (Einfüllgewicht 560 g – in diesem Fall müssen es mal die Erbsen aus der Konserve sein, mit frischen schmeckt der Salat nicht halb so gut)
1 mittelgroße rote Zwiebel, fein gewürfelt
2 Stangen Staudensellerie, fein gewürfelt
80 g Räucherkäse, klein gewürfelt
150 g Mayonnaise oder Tofunaise
Salz
Pfeffer
1 – 2 Chicorée
½ Bund Petersilie
Tomatenmark oder -ketchup

Light Lunch

Aunt Faye's Easter Salad
Tante Fayes Ostersalat

Nach dem Suchen der Ostereier oder nach dem Besuch bei der Easter Parade – dieser erfrischende Salat schmeckt immer, zu Ostern und an jedem anderen Tag im Jahr.

*200 g grüne Erbsen, frisch
  oder tiefgefroren
8 Eier, hart gekocht und
  geviertelt
4 Tomaten,
  der Länge nach geachtelt
1 Gemüsezwiebel,
  klein gehackt
1 säuerlicher Apfel,
  fein gewürfelt
2 Stangen Staudensellerie,
  klein geschnitten
2 EL Kapern
200 g saure Sahne
  oder Sojasahne
½ Bund Petersilie,
  fein gehackt
1 EL Zitronensaft
Salz
Pfeffer*

Erbsen in wenig Wasser etwa 5 Minuten garen, abtropfen und abkühlen lassen. Mit Eiern, Tomaten, Zwiebel, Apfel, Sellerie und Kapern mischen. Saure Sahne mit Petersilie und Zitronensaft verrühren und mit Salz und Pfeffer würzen. Falls die Sauce zu dick ist, noch etwas Wasser zugeben. Zuletzt die Sauce unterziehen und den Salat bis zum Servieren in den Kühlschrank stellen.

Caesar Salad
Cäsar-Salat

Der knackig würzige Caesar Salad *verdankt seinen Namen einem Italo-Amerikaner namens Cesare Cardini, der im mexikanischen Tijuana das Restaurant »Caesar's Place« betrieb. Zur Zeit der Prohibition war das unmittelbar hinter der Grenze zu den USA liegende Restaurant äußerst beliebt. Während eines besonders großen Besucheransturms am 4. Juli 1924 wusste Cardini nicht, womit er die vielen Gäste bewirten sollte, und kreierte in seiner Not mit Hilfe des noch reichlich vorhandenen Romanasalats ein neues Gericht, den »Caesar Salad«, der bald Kultstatus genoss. In seinem wenige Jahre später eröffneten »Hotel Caesar's« gaben sich Hollywoodstars wie Clark Gable und Jean Harlow die Klinke in die Hand. Bis heute bekommt man dort den »Original Caesar Salad«.*

Salat waschen, gründlich trocknen und in mundgerechte Stücke schneiden. Alle Zutaten für die Sauce gut miteinander verrühren und unter den Salat heben.

Brotwürfel und Knoblauch in Butter oder Margarine kross bräunen und über den Salat geben. Zuletzt mit Parmesan bestreuen.

1 Kopf Romanasalat

Für die Sauce:
50 g Mayonnaise
 oder Tofunaise
50 g Joghurt
 oder Sojajoghurt
¼ TL Vollrohrzucker
2 EL Parmesankäse,
 fein gerieben
1 EL Zitronensaft
1 kleine Knoblauchzehe,
 zerdrückt
1 TL Dijonsenf
1 TL Kapern,
 sehr fein gehackt

Für die Croûtons:
100 g Vollkorntoastbrot,
 gewürfelt
1 Knoblauchzehe, zerdrückt
2 EL Butter oder Margarine

Zum Bestreuen:
25 g Parmesan,
 frisch gerieben

Cole Slaw
Weißkohlsalat

Der Lieblingssalat vieler Amerikanerinnen und Amerikaner, allerdings allzu oft in viel Sahne und Mayonnaise ertränkt. Dass es auch leichter geht, beweist das folgende Rezept. Hinter dem Begriff »Cole« ist das deutsche Wort »Kohl« deutlich zu erkennen. »Slaw« kommt vom niederländischen »Sla« (= Salat).

½ Weißkohl (etwa 500 g)
Salz
1 – 2 Möhren, grob geraspelt
1 kleiner Apfel,
　grob geraspelt
1 kleine Zwiebel,
　fein gehackt
75 g Mayonnaise
　oder Tofunaise
75 g Joghurt
　oder Sojajoghurt
1 TL Vollrohrzucker
2 EL Weißweinessig
Pfeffer

Beim Kohl die äußeren Blätter entfernen, den Strunk ausschneiden und mit Hobel oder Reibe (eventuell Küchenmaschine) fein raspeln. Mit etwas Salz bestreuen, mit Möhre, Apfel und Zwiebel vermischen und einige Zeit stehen lassen.

Die übrigen Zutaten zu einer Sauce verrühren, unter den Salat heben, abdecken und mindestens 1 Stunde lang im Kühlschrank durchziehen lassen. Vor dem Servieren noch einmal gut durchrühren.

Variationen:
- Mischen Sie geraspelte Zucchini und fein geschnittene grüne Paprika unter den Salat.
- Sorgen Sie mit rosa Grapefruit und saftigen Rosinen für eine fruchtig süße Note.
- Verwenden Sie Rotkohl oder Chinakohl statt Weißkohl.

Aunt Mabel's Macaroni Salad
Tante Mabels Nudelsalat

Mabel Hogan, die resolute Tante meiner Schwiegermutter, prägte mit ihren verschiedenen Nudelgerichten über lange Jahre die Thanksgiving-Feste der Familie, zu denen bis zu 100 Teilnehmerinnen und Teilnehmer von nah und fern anreisten. Schon Tage vorher begann sie mit den Vorbereitungen, denn die Nudeln dafür hat sie selbstverständlich selbst gemacht – »Aunt Mabel's noodles« waren eine Institution! Seitdem sie nicht mehr lebt, hat auch die Anziehungskraft des Festes nachgelassen. Es gibt Menschen, die Familien mehr als alle anderen zusammenhalten. Sie ist unvergessen und findet hoffentlich bald eine ebenso couragierte Nachfolgerin.

Nudeln in Salzwasser bissfest garen. Gemüse, Käse und Eier mischen. Mayonnaise oder Tofunaise mit Joghurt oder Sojajoghurt, Gurkenwasser, Salz und Pfeffer verrühren und unter das Gemüse heben. Zum Schluss die Nudeln unterziehen, den Salat kühl stellen und gut durchziehen lassen.

450 g Vollkorn-Hörnchennudeln
Salz
1 Zwiebel, gehackt
1 grüne Paprikaschote, gewürfelt
2 Stangen Staudensellerie, in feine Scheiben geschnitten
1 kleiner Apfel, entkernt und gewürfelt
1 Möhre, in dünne Scheiben geschnitten
½ Bund Radieschen, gewürfelt
3 Gewürzgurken, gewürfelt
25 g Cheddar, geraspelt
3 hart gekochte Eier, geschält und grob gewürfelt
150 g Mayonnaise oder Tofunaise
150 g Joghurt oder Sojajoghurt
1 guter Schuss Gurkenwasser
1 TL Salz
Pfeffer

Light Lunch

Joe's Lunch Sandwich
Joes Mittagssandwich

Als Erfinder des Sandwiches gilt John Montagu, 4. Earl of Sandwich, ein britischer Staatsmann und leidenschaftlicher Kartenspieler aus dem 18. Jahrhundert, der sich, um das Spiel nicht unterbrechen zu müssen, praktische »Klappstullen« an den Spieltisch bringen ließ. Seine Mitspieler ließen sich anstecken und bald kam das Sandwich auch bei feinen Abendgesellschaften in Mode. Im 19. Jahrhundert gehörte es dann schon fest zur britischen Teekultur, wanderte in jeden Picknickkorb und galt als optimaler Reiseproviant. In den USA wurde dieser Trend aufgegriffen und bald bildeten sich typisch amerikanische Sandwichsorten heraus. Auch ein Hamburger wird übrigens von Amerikanerinnen und Amerikanern als »Sandwich« bezeichnet, denn es handelt sich ja um mehrere Zutaten zwischen zwei Brot- bzw. Brötchenscheiben. Das (und nicht mehr) ist das Sandwich-Grundprinzip. Unzählige Variationen sind möglich. Beginnen Sie Ihre Experimente mit diesem einfachen, aber wirkungsvollen Mittagssandwich.

8 Scheiben Vollkorntoastbrot
4 EL Mayonnaise oder Tofunaise
8 Scheiben vegetarischer Aufschnitt (z. B. aus geräuchertem Seitan)
4 Blätter Eisbergsalat

Die Toastbrotscheiben mit Mayonnaise oder Tofunaise bestreichen, mit je 1 Scheibe Aufschnitt belegen und je 2 Brote mit 1 Salatblatt dazwischen zusammenklappen.

Seitan Reuben Sandwich
Reuben Sandwich mit marinierten Seitanscheiben

Zur Entstehung des in den USA sehr beliebten und auf vielen Speisekarten zu findenden Reuben Sandwich *gibt es mehrere Theorien. Vieles deutet jedoch darauf hin, dass es um 1914 von Arnold Reuben erfunden wurde, dem deutschen Besitzer des einst berühmten »Reuben's Delicatessen« in New York. Das Original enthält Corned Beef; marinierter Seitan ist dafür mehr als nur ein Ersatz. Diese vegetarische Variante des alten Klassikers schmeckt einfach sagenhaft gut!*

Seitanscheiben in eine Schüssel legen. Flüssigkeit von eingelegten Gewürzgurken und Roter Bete mit dem Sauerbratengewürz und etwas Wasser zum Kochen bringen, einige Minuten köcheln lassen, über den Seitan gießen und 8 bis 10 Stunden marinieren.

Die Hälfte der Brotscheiben auf einer Seite mit der Hälfte der Butter oder Margarine bestreichen und mit dieser Seite nach unten auf einen Teller legen. Jeweils mit 1 Scheibe Käse und einigen Scheiben Seitanaufschnitt belegen. Das Sauerkraut auf die vier Brote verteilen. Alle Zutaten für die Sauce gut verrühren und mit Salz und Pfeffer abschmecken. Jeweils 1 EL Sauce auf das Sauerkraut geben. Mit jeweils 1 weiteren Scheibe Seitanaufschnitt und Käse bedecken. Zuletzt die restlichen Brotscheiben darauflegen und von außen mit der restlichen Butter oder Margarine bestreichen.

Die Sandwiches in einer Pfanne bei mittlerer Hitze kurz rösten, bis sich das Brot goldbraun verfärbt hat. Vorsichtig umdrehen und auf der zweiten Seite rösten. (Alternativ: unter einem Oberhitzegrill von beiden Seiten bräunen.) Vor dem Servieren in der Mitte durchschneiden.

400 g Seitan, in dünne Scheiben geschnitten, gut ausgedrückt und trockengetupft
200 ml Flüssigkeit von eingelegten Gewürzgurken
100 ml Flüssigkeit von eingelegter Roter Bete
2 EL Sauerbratengewürz
8 Schreiben Roggengraubrot
2 EL Butter oder Margarine
8 Scheiben Greyerzer Käse
120 g Sauerkraut, gut abgetropft

Für die Sauce:

4 EL Mayonnaise oder Tofunaise
2 EL Tomatenketchup
2 TL Meerrettich, gerieben
1 TL Tamari-Sojasauce
Salz
Pfeffer

Light Lunch

Tofu Salad Sandwich
Sandwich mit Tofusalat

2 Äpfel, entkernt, geschält und sehr fein gewürfelt
150 g Tofu, sehr fein gewürfelt
50 g Joghurt oder Sojajoghurt
75 g Mayonnaise oder Tofunaise
Salz
Pfeffer
Currypulver
½ Bund Petersilie, fein gehackt
8 Scheiben Vollkorntoastbrot

Apfel- und Tofuwürfel mischen. Joghurt oder Sojajoghurt und Mayonnaise oder Tofunaise verrühren, mit Salz und Pfeffer sowie 1 Prise Currypulver abschmecken und mit der Petersilie unter die Apfel-Tofu-Mischung ziehen. Salat auf vier Brote verteilen, die anderen Brote darüberklappen, die Sandwiches diagonal durchschneiden und sofort servieren.

Variationen:
- Nur 100 g Tofu nehmen und dafür zwei hart gekochte Eier pellen, fein würfeln und unter den Salat ziehen.
- Sehr festen Tofu gut ausdrücken, grob raspeln und mit sehr fein geraspeltem Gemüse (Paprika, Möhre, Zwiebel, Champignons), gehackten Walnüssen sowie Olivenöl, Sojasauce und geröstetem Sesam mischen.

Nut'n Cheese Sandwich
Käse-Nuss-Brot

Hmmmh … Mein absolutes Lieblingssandwich! Nussig und cremig, frisch und sättigend …

8 Scheiben Vollkorntoastbrot
sahniger Schmelzkäse
2 Äpfel, in dünne Spalten geschnitten
4 EL Haselnüsse, grob gehackt

Brote dick mit Schmelzkäse bestreichen und mit den Apfelspalten belegen. Die gehackten Haselnüsse dazwischen streuen und zuklappen.

Peanut Butter and Jelly Sandwich
Erdnussmusbrot mit Gelee

Hätte der vegetarisch lebende Cornflakes-Papst Dr. Kellogg nicht die Erdnussbutter erfunden und 1895 zum Patent angemeldet, hätte jemand anders dies schleunigst nachholen müssen. Denn in den USA gehört die Erdnussbutter heute zu den Grundnahrungsmitteln – sogar mit einem eigenen landesweiten Gedenktag: Der 24. Januar ist »National Peanut Butter Day«!

Erdnussbutter wird zur Herstellung vieler Speisen verwendet. Beim Einkauf umbedingt auf Bioware achten, die nur vermahlene Erdnüsse ohne Zusatzstoffe enthält. Ganz besonders populär ist jedoch das »Peanut Butter and Jelly Sandwich« – liebevoll abgekürzt »PBJ«. Es war die Lieblingsspeise von Elvis Presley. An seinem Beispiel sehen wir, dass wir es immer wieder mit Freude, letztlich aber in Maßen genießen sollten.

Brotscheiben mit dem Erdnussmus bestreichen. Auf die Hälfte der Brote je 1 TL Gelee geben und die anderen Brote darüberklappen.

8 Scheiben Vollkorntoastbrot
8 EL Erdnussmus
4 TL rotes Traubengelee

Variationen:

- Statt Gelee der Länge nach durchgeschnittene, mit etwas Zitronensaft beträufelte Bananen in die Mitte der Sandwiches legen.
- Die Bananen nicht nur schneiden, sondern auch zerdrücken und die Sandwiches anschließend von beiden Seiten mit Butter in einer Pfanne bräunen – die legendären Lieblingssandwiches von Elvis Presley!
- »Joes Erdnuss-Knabberstangen« (noch nicht zum Patent angemeldet!): Richtig gut schmeckt Erdnussmus, wenn man es in die Vertiefungen der Stängel von Staudensellerie streicht.

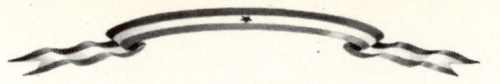

Erdnüsse – das sind doch Peanuts!

Die ursprünglich aus den Anden Südamerikas stammenden und von der amerikanischen Urbevölkerung schon vor Jahrtausenden kultivierten Erdnüsse sind eigentlich gar keine Nüsse, sondern Hülsenfrüchte und relativ eng mit Erbsen und Bohnen verwandt. Die englische Bezeichnung »*Peanuts*« (= Erbsennüsse) lässt dies ja auch deutlich anklingen. Anders als die meisten Hülsenfrüchte können Erdnüsse jedoch roh gegessen werden. An Nüsse dagegen erinnern ihre Konsistenz und der hohe Fettgehalt. In Maßen genossen sind die kalorienreichen Erdnüsse sehr gesund, enthalten wertvolle Vitamine, Mineralstoffe, vor allem Magnesium, und andere gesundheitsfördernde Inhaltsstoffe.

Heute werden Erdnüsse in vielen warmen Ländern angebaut. Sogar die EU hat ein erdnusserzeugendes Mitglied, nämlich Zypern. Von den 33 Millionen Tonnen Erdnüssen, die jährlich weltweit geerntet werden, importiert Deutschland 60 000 Tonnen, vorwiegend aus den Anbaugebieten im Süden der USA. Der wohl bekannteste Erdnussfarmer aller Zeiten ist Jimmy Carter, der 39. Präsident der USA.

Wenn Sie möchten, können Sie ruhig einmal in seine Fußstapfen treten, denn der Anbau von Erdnüssen ist höchst interessant. In einem warmen Sommer auf einem sonnigen, windgeschützten Balkon kann dies durchaus gelingen. Sie brauchen dazu nur ungeröstete Erdnüsse (z. B. aus einem Asia-Laden) in Blumenerde stecken und mäßig feucht halten. Die Pflanzen wachsen schnell und bilden hübsche, duftende, an Wicken erinnernde Blüten, die sich selbst bestäuben. Nun geschieht das Verblüffende: Die Stängel mit den befruchteten Blüten biegen sich nach unten und schieben sich einige Zentimeter in die Erde, wo dann die Erdnüsse heranreifen – ein tolles Naturspektakel, das zu beobachten vor allem Kindern Spaß machen wird.

In der Umgangssprache bezeichnet »Peanuts« Kleinigkeiten oder eine unbedeutende Geldsumme. 1994 wurde es in Deutschland zum »Unwort des Jahres« gewählt. Der damalige Vorstandssprecher der Deutschen Bank, Hilmar Kopper, hatte offene Handwerkerrechnungen des insolventen Immobilienunternehmers Jürgen Schneider in Höhe von 50 Millionen DM als »Peanuts« abgetan. Die Gewerkschaft Handel, Banken und Versicherungen forderte daraufhin in den nächsten Tarifverhandlungen: »Peanuts für alle, bar auf die Kralle!«

Light Lunch

Peanut Salad Bagel
Erdnusssalat-Bagels

Sehr schöne, leichte Mittagssnacks lassen sich natürlich mit verschiedenen Bagels zaubern. Die leckeren Kringel werden meist wie Sandwiches gefüllt und aus der Hand gegessen. Hier ein paar Rezepte mit offenen Bagels, die Sie mit Messer und Gabel genießen können. Servieren Sie entweder pro Person eine belegte Bagelhälfte oder schneiden Sie den Deckel in Viertel und stellen Sie ihn schräg rund um die belegte Hälfte als Zubiss auf.

Bagels waagerecht in Hälften schneiden und mit Butter oder Margarine bestreichen. Äpfel, Sellerie, Rosinen und Erdnüsse in einer Schüssel mischen und Mayonnaise oder Tofunaise unterziehen. Die Mischung auf die Bagelhälften häufeln und mit Salz und Pfeffer bestreuen.

2 Bagels (siehe Seite 162)
4 TL Butter oder Margarine
2 Äpfel, entkernt und fein gewürfelt
2 Stangen Staudensellerie, in dünne Streifen geschnitten
50 g Rosinen
50 g Erdnüsse, geschält
6 EL Mayonnaise oder Tofunaise
Salz
Pfeffer

Light Lunch

Cottage Bagel
Hütten-Bagels

Der in den USA so beliebte Cottage Cheese *verdankt seinen Namen der Tatsache, dass er in den Hütten armer Leute aus der nach dem Buttern übrig gebliebenen Milch gewonnen wurde. Er hat relativ viel Eiweiß und wenig Fett. Sein mildes Aroma macht ihn extrem anpassungsfähig. Hier eine wunderbar frische Kombination mit Ananas und Gurke.*

2 Bagels (siehe Seite 162)
100 g körniger Frischkäse
4 TL Senf
1 Kästchen Kresse oder Kresse von der Fensterbank
4 Scheiben Ananas
1 Salatgurke, fein gewürfelt
Salz
grobkörniger Pfeffer

Bagels waagerecht halbieren und mit dem Käse bestreichen. Je eine Lage Senf und Kresse darübergeben. Ananasscheiben auflegen und zuletzt die Gurkenwürfel aufhäufeln. Mit Salz und Pfeffer bestreuen.

Light Lunch

Sunset Bagel
Bagel Sonnenuntergang

Den herrlich knalligen Farben eines Sonnenuntergangs in Florida oder Kalifornien nachempfundene Kombination ausdrucksstarker Aromen.

Bagels waagerecht halbieren und mit der Butter oder Margarine bestreichen. Rote Bete, filetierte Orange und Pinienkerne in einer Schüssel mischen. Öl, Essig und Orangensaft verquirlen und unter die Mischung heben. Auf die Bagelhälften häufeln und mit Orangenschale sowie Salz und Pfeffer bestreuen.

2 Bagels (siehe Seite 162)
4 TL Butter oder Margarine
200 g Rote Bete, gekocht, in Würfel geschnitten
2 Orangen, filetiert
2 EL Pinienkerne, geröstet
4 EL Walnussöl
4 TL Balsamico-Essig
2 EL Orangensaft
2 TL abgeriebene Orangenschale
Salz
grobkörniger Pfeffer

Light Lunch

Andere Mittagssnacks

San Francisco Rice & Roni
Reis & Makkaroni aus San Francisco

Italienische Einwanderer, die in San Francisco eine kleine Pastafabrik betrieben, eigentlich aber am liebsten die pikanten Reispfannen ihrer armenischen Nachbarn aßen, kamen auf die Idee, Reis und feine Makkaroni mit herzhaften Saucen zu mischen, und landeten damit einen riesigen Verkaufserfolg (»Rice-A-Roni«), den vor allem amerikanische Kinder bis heute als »San Francisco Treat« kennen. Die Idee ist gut, denn die weichen Nudeln machen den Reis flutschiger und verhelfen auch körnerskeptischen Kindern zu einer ordentlichen Portion Vollkornreis.

150 g Vollkorn-Fadennudeln
Salz
80 g Langkorn-Naturreis
750 ml Wasser
1 Zwiebel, fein gehackt
1 EL Sonnenblumenöl
150 ml Wasser
150 ml Milch
1 TL Gemüsebrüheextrakt
100 g Kräuterfrischkäse
Kräutersalz
Pfeffer

Nudeln in reichlich Salzwasser bissfest garen und abgießen. Reis in das kochende Wasser einstreuen, bei niedriger Temperatur etwa 30 Minuten (je nach Packungsangabe) garen und anschließend mit den Nudeln mischen. Zwiebel im Öl glasig dünsten, erst das Wasser, dann die Milch zugießen und zum Kochen bringen, vom Herd nehmen und Gemüsebrüheextrakt und Frischkäse einrühren. Die Sauce mit Kräutersalz und Pfeffer abschmecken und zu der Nudel-Reis-Mischung servieren.

Light Lunch

Macaroni and Cheese
Käsenudeln

Die Leibspeise vieler amerikanischer Kinder (und Erwachsener). Sahnig, weich, sanft würzig – das passt immer!

Nudeln in Salzwasser bissfest garen. Milch und Schlagsahne erhitzen, Käse unter ständigem Rühren vorsichtig darin schmelzen und zum Schluss das Eigelb unterziehen.

Mit den Nudeln vermengen, mit Salz und Pfeffer abschmecken und sofort servieren.

500 g Vollkorn-Hörnchennudeln
Salz
200 ml Milch oder Sojadrink, ungesüßt
100 ml Schlagsahne oder Sojasahne
200 g Cheddar, grob geraspelt
1 Eigelb
Pfeffer

Light Lunch

Fried Green Tomatoes
Grüne Tomaten

Das Erfolgsbuch »Fried Green Tomatoes at the Whistle Stop Café« *(deutscher Titel* »Grüne Tomaten«*) von Fannie Flagg und dessen zauberhafte Verfilmung von Jon Avnet aus dem Jahr 1991 machten auf einen Schlag ein einfaches Gericht weltberühmt, das man bis dahin im Wesentlichen nur in den US-amerikanischen Südstaaten gekannt hatte. Die Autorin hatte beim Schreiben das Café ihrer Großtante in Irondale, Alabama, vor Augen. Im Film wurde es in das kleine Örtchen Juliette in Georgia verlegt. Dort steht das* »Whistle Stop Café« *aus dem Film noch immer an der berühmten Bahnlinie mit der Staustufe und dient als Restaurant und Touristenmagnet.*

Falls Sie Buch und Film noch nicht kennen, holen Sie dies unbedingt nach – und entdecken Sie nebenbei die legendäre »Whistle-Stop«*-Spezialität. Grüne, unreife Tomaten sollten Sie allerdings nur in kleinen Mengen verzehren, denn sie enthalten das giftige Alkaloid Solanin. Es gibt aber auch Tomaten, die noch im reifen Zustand grün bleiben (z. B. die Sorten* »Evergreen« *oder* »Green Grape«*) und kaum Solanin enthalten. Aus denen werden die* »Fried Green Tomatoes« *gemacht.*

¼ l Buttermilch
Salz
Pfeffer
Cayennepfeffer
4 mittelgroße grüne Tomaten, in gut 1 cm dicke Scheiben geschnitten
60 g Maismehl
2 Eier, verquirlt
80 g Vollkornsemmelbrösel
Olivenöl zum Braten

Buttermilch mit den Gewürzen verquirlen, Tomatenscheiben hineinlegen und etwa 30 Minuten marinieren. Maismehl, Eier und Semmelbrösel jeweils in verschiedene Suppenteller geben. Die Tomatenscheiben erst im Maismehl, dann in den Eiern und zuletzt in den Semmelbröseln wenden und in reichlich heißem Öl von beiden Seiten etwa 5 Minuten goldbraun braten.

Arizona-style Three Cheese Nachos
Überbackene Nachos aus Arizona

Den Schärfegrad dieses typischen Texmex-Gerichts können Sie durch die Anzahl der verwendeten Chilis selbst bestimmen. Servieren Sie dazu eine Salsa (Rezept auf Seite 105) und reichlich saure Sahne zum Ablöschen.

Die Hälfte der Chips in eine große Auflaufform geben, die Hälfte des Käses und der anderen Zutaten darüberstreuen, eine zweite Schicht Chips und die restlichen Zutaten darübergeben. Bei 180 bis 200 °C etwa 12 bis 15 Minuten backen, bis der Käse geschmolzen ist.

300 g Tortillachips, Natur
50 g Bel Paese oder Fontina-Käse, grob geraspelt
50 g Cheddar, grob geraspelt
50 g Butterkäse mit Chili, grob geraspelt
1 grüne Paprikaschote, fein gewürfelt
2 Zwiebeln, fein gewürfelt
300 g Gemüsemais, gegart
1 – 3 grüne Chilis, entkernt und fein geschnitten

Light Lunch

Hum's Guacamole
Hums Guacamole

Die Bezeichnung »Guacamole« geht auf das aztekische Wort »Ahuacamolli« (= Avocadosauce) zurück. Bis heute ist sie fester Bestandteil der mexikanischen und der Texmex-Küche.

Als er vor vielen Jahren im vegetarischen North Star Café in Santa Fe kochte, hatte Hans-Ulrich Möhring viel Gelegenheit zu experimentieren und entschied sich bei der Guacamole für dieses Rezept (vor allem gegen Knoblauch!). Ganz besonders gut schmeckt diese Variante als Dip zu Tortillachips.

2 reife Avocados, geschält und entkernt
1 – 2 Tomaten, überbrüht und geschält
1 kleine Zwiebel, fein gerieben
1 Limette, ausgepresst
etwas Tamari-Sojasauce
Salz
Pfeffer
frische grüne Chilischote (ersatzweise Chilipulver oder Cayennepfeffer)

Avocados mit der Gabel zu Brei zerquetschen. Tomaten aufschneiden, Flüssigkeit und Kerne entfernen und ebenfalls zerquetschen. (Die Tomatenmasse sollte etwa zwei Drittel bis die Hälfte der Avocadomasse betragen.) Avocado-, Tomaten- und Zwiebelbrei mit der Gabel gut verrühren. Mit Limettensaft, Tamari-Sojasauce, Salz, Pfeffer und Chili (oder Chilipulver bzw. Cayennepfeffer) je nach Geschmack und gewünschter Schärfe würzen und gut durchziehen lassen.

Variationen:
- Mit grüner Tabascosauce würzen.
- 1 TL Basilikumpesto unterrühren.
- Mit fein gehackten Korianderblättern bestreuen.

Jasmine's Easy Blender Salsa
Jasmines schnelle Salsa

Jasmine Chenoa Bowman aus Bradenton, Florida, hat einen Traumjob: Als Yogalehrerin unterrichtet sie nicht nur im Auftrag vorbildlicher Arbeitgeberinnen und Arbeitgeber in verschiedenen Firmen und Büros der Umgebung, sondern mehrmals die Woche auch am wunderbar breiten, weißen Sandstrand von Anna Maria Island, meiner Lieblingsinsel. Als ich einmal morgens dort an einem ihrer Kurse teilnahm, sprang ein Delfin wenige Meter von uns entfernt durchs seichte Wasser. Unvergesslich!

Jasmine ist Veganerin, mag aber nicht unbedingt gern aufwendig kochen. Als ich ihr von meinen Kochbuchplänen erzählte, schickte sie mir spontan das Rezept für ihre superschnelle Salsa, die sich sehr gut zu Kartoffeln, Fajitas oder Tacos essen lässt, aber auch bestens als Dip für Tortillachips eignet. (Am allerbesten schmeckt sie meiner Meinung nach mit dunklen Chips aus blauem Mais – einfach köstlich!)

Alle Zutaten in einen Mixer geben, gut durchmixen, in einen zugedeckten Behälter geben und mindestens 1 Stunde lang im Kühlschrank durchziehen lassen. *Enjoy!*

2 mittelgroße Tomaten, grob gehackt
½ kleine rote Zwiebel, grob gehackt
1 Chilischote (am besten eine von den etwas milderen, grünen Jalapeños), gehackt
2 Knoblauchzehen, zerdrückt
2 EL frischer Limettensaft
2 EL frische Korianderblätter, grob gehackt
¼ TL rote Pfefferkörner, zerdrückt

Light Lunch

Zucchini Salsa
Zucchini-Salsa

Ob als Dip, zu Bratlingen und Fondue oder als Sauce zu Nudeln und Reis – wer's gern so richtig schön scharf hat, findet für diese saftige Salsa aus New Mexico sicher vielerlei Verwendung. Sehr gut schmeckt sie z. B. auch zu »Dirty Rice« (siehe Seite 107).

Den Schärfegrad der Salsa kann jede/r durch die verwendete Chilimenge selbst bestimmen. In saubere, heiß ausgespülte Gläser mit Twist-Off-Deckeln gefüllt, ist die Salsa einige Monate haltbar.

250 g Zucchini, grob geraspelt
50 g Zwiebeln, gehackt
1 Chili, mit den Kernen fein gehackt
1 EL Salz
400 g Tomaten, überbrüht, geschält und gewürfelt
4 EL Vollrohrzucker
8 EL Essig
1 Knoblauchzehe, zerdrückt
1 TL Senfkörner
½ TL grob gemahlener Pfeffer
¼ TL Paprikapulver
¼ TL Muskatnuss, frisch gerieben
¼ TL Kreuzkümmel (Cumin), gemahlen
¼ TL Kurkuma, gemahlen

Zucchini, Zwiebeln und Chili mit dem Salz vermischen und über Nacht zugedeckt ziehen lassen. In ein Sieb drücken und gut abtropfen lassen. Mit den restlichen Zutaten in einem Topf verrühren, 30 Minuten kochen lassen. Anschließend im Mixer oder mit dem Pürierstab grob pürieren.

Dirty Rice
Cajun-Reis

Dirty Rice *ist ein traditionelles Gericht der Cajun-Küche, dessen Originalzutaten für Vegetarierinnen und Vegetarier eher wenig erfreulich sind. Probieren Sie meine hühnchenleberfreie Version mit einer saftigen Zucchini-Salsa (siehe Seite 106) und einem ordentlichen Klacks saurer Sahne.*

Zwiebel und Knoblauch mit den Gewürzen in der Butter oder Margarine andünsten.

Bohnen mit einem Kartoffelstampfer gut zerdrücken und unterrühren. Reis und Sojasauce zugeben, mit der Gemüsebrühe angießen und das Ganze abgedeckt bei kleiner Hitze so lange köcheln lassen (20 bis 25 Minuten), bis der Reis gar ist. Mit Salz, Pfeffer und Tabascosauce je nach gewünschtem Schärfegrad pikant abschmecken.

1 Zwiebel, fein gehackt
1 Knoblauchzehe, zerdrückt
¼ TL Oregano, getrocknet
¼ TL Thymian, getrocknet
½ TL Senfkörner, gemahlen
½ TL Rosenpaprikapulver
½ TL Kreuzkümmel (Cumin), gemahlen
2 Lorbeerblätter
2 EL Butter oder Margarine
400 g gekochte schwarze Bohnen
200 g Naturreis, parboiled
2 EL Sojasauce
½ l Gemüsebrühe
Salz
Pfeffer
Tabascosauce

Light Lunch

French Fries with Ketchup, both home-made
Backofen-Pommes mit Ketchup, beides selbst gemacht

Pommes frites heißen in den USA French Fries, *also wörtlich »französische Bratkartoffeln«. Schon Thomas Jefferson, der in den 1790er-Jahren als Diplomat in Paris gelebt hatte, ließ 1802 bei einem Dinner im Weißen Haus »Kartoffeln in französischer Manier« servieren. (Streng genommen haben sie ihren Ursprung allerdings in Belgien.)*

Was damals vornehm klang, ist heute vielfach zum Allerwelts-Fast-Food verkommen. Nicht in mehrfach wieder verwendetem Frittierfett dubioser Herkunft schwimmend und aus Kartoffelpulver mit künstlichen Zusatzstoffen zusammengerührt, sondern aus ganzen Kartoffeln frisch geschnitten, sind French Fries *aber besser als ihr Ruf. Wie wäre es mit dieser selbst gemachten Variante aus dem Backofen? Ein Pommesschneider, durch den man die rohen Kartoffeln drückt, erleichtert die Arbeit und ist bei Kindern als Gerät zum Mithelfen äußerst beliebt. Wer es mag, kann natürlich auch ungeschälte Biokartoffeln nehmen. Der schnell zusammengerührte Ketchup ist im Kühlschrank 5 Tage haltbar.*

Für die Pommes:
750 g Kartoffeln, geschält
4 EL Olivenöl
½ TL Salz
Fett für das Blech

Für den Ketchup:
150 g Tomatenmark
100 ml Apfelsaft
1 EL Apfelessig
1 EL Honig oder
  Agavendicksaft
Salz
Pfeffer
Paprikapulver

Für die **Pommes** die Kartoffeln in Stäbchen schneiden. Öl mit Salz mischen, die Kartoffelstäbchen in einer Schüssel mit dem Öl mischen und auf einem leicht gefetteten Blech ausbreiten. Bei 200 bis 220 °C etwa 40 Minuten backen, bis sie knusprig gebräunt sind (dabei mehrmals vorsichtig wenden).

Für den **Ketchup** Tomatenmark mit Apfelsaft, Essig und Honig oder Agavendicksaft verrühren, mit Salz, Pfeffer und Paprika würzen und zu den Pommes servieren.

Country Fries

Gebackene Kartoffelspalten

Viele kennen Country Fries *nur aus dem Fast-Food-Restaurant oder als Fertigprodukt aus der Tiefkühltruhe. Dabei sind sie ganz schnell selbst gemacht. Hier eine besonders einfache Variante – dazu empfehle ich einen frischen Salat. Statt Grillgewürz können Sie die Kartoffeln z. B. auch mit 2 Teelöffeln Kräuter der Provence und 1 Teelöffel Salz würzen.*

Öl, Knoblauch und Gewürz in einer großen Schüssel mischen, Kartoffeln dazugeben, gut in der Ölmischung wenden und 5 bis 10 Minuten ziehen lassen.

Kartoffeln mit dem Schaumlöffel herausnehmen, auf einem mit Backpapier ausgelegten Backblech verteilen und bei 200 bis 220 °C etwa 45 Minuten knusprig braun backen.

6 EL Olivenöl
1 Knoblauchzehe, zerdrückt
2 TL Grillgewürz
1 kg Kartoffeln, geviertelt oder geachtelt

Light Lunch

Baked Potatoes with Tofu
Backofenkartoffeln mit Tofufüllung

Baked Potatoes *sind ein ganz typisches Lunch-Gericht, gut vorzubereiten und vielfach abwandelbar. Viele verschiedene Saucen von Kräuterquark bis scharfer Salsa, aber auch gedünstetes Gemüse oder Pilzragout passen hervorragend zu den Kartoffeln. Hier meine Lieblingsvariante mit sahnig gerührtem Tofu, frischen Radieschen, Dill und Alfalfasprossen.*

4 möglichst große, mehligkochende Kartoffeln
500 g Tofu
80 ml Schlagsahne oder Sojasahne
Pfeffer
2 EL Zitronensaft
1 Bund Radieschen, fein gewürfelt
1 Bund Dill, fein gehackt
2 Handvoll Alfalfasprossen

Kartoffeln kräftig abbürsten und auf dem Blech bei 180 bis 200 °C je nach Größe 40 bis 60 Minuten backen. (Entgegen einer weitverbreiteten Gewohnheit ist es völlig überflüssig, die Kartoffeln zu diesem Zweck in Alufolie einzuwickeln. Im Gegenteil, ohne Folie wird die Schale herrlich trocken und kross.)

Tofu und Sahne oder Sojasahne im Mixer oder mit dem Pürierstab zu einer Creme verrühren. Restliche Zutaten bis auf die Sprossen unterziehen. Die Kartoffeln längs aufschneiden, mit der Tofucreme füllen und mit den Sprossen bestreuen.

Light Lunch

Corn Fritters
Maistaler

Die goldgelben Maistaler sind in den USA eine beliebte Währung. Sie sind einfach herzustellen und eignen sich deshalb sogar für die kurze Mittagspause. Dazu passen Kartoffelpüree und eine sahnige Kräutersauce.

Die geschälten Maiskolben in kochendem Wasser etwa 15 Minuten garen und die Körner von den Kolben lösen. (Maiskörner aus dem Glas abtropfen lassen und Abtropfwasser auffangen.) Mehl mit den Eiern und etwas Maiswasser zu einem dickflüssigen Teig verrühren. Maiskörner zufügen und mit Salz und Pfeffer würzen. In heißem Öl von beiden Seiten zu kleinen Talern ausbacken.

2 frische Maiskolben oder
285 g Gemüsemais, gegart
100 g Weizenvollkornmehl
2 Eier
Salz
Pfeffer
Öl zum Ausbacken

Seitan Nuggets
Seitannuggets

Die superknusprigen Seitan Nuggets begeistern selbst eingefleischte Fans der Geflügelvariante. Für die vegetarische Beköstigung einer Horde hungriger Kinder sind sie besonders gut geeignet.

Seitan in ½ Zentimeter dicke Scheiben schneiden. In einem tiefen Teller Eier mit Tahin und Gomasio verquirlen, Mehl und Sesam in zwei weitere tiefe Teller geben.

Seitanstücke zuerst im Ei, dann im Mehl und zum Schluss in Sesamsamen wälzen.

In reichlich heißem Bratöl goldbraun ausbacken. Dazu schmecken ein frischer Salat und Kartoffelpüree.

250 g Seitan
2 Eier
1 TL Tahin (Sesammus)
1 EL Gomasio (gerösteter Sesam mit Meersalz)
100 g Weizenvollkornmehl
100 g Sesamsamen
Öl zum Ausbacken

Light Lunch

Hawaiin Toast
Toast Hawaii

Die im Pazifischen Ozean gelegene Inselkette Hawaii ist der 50. US-Bundesstaat und Heimat des 44. Präsidenten, Barack Obama. Das Toast Hawaii jedoch ist die Erfindung eines Deutschen: Clemens Wilmenrod, der erste deutsche Fernsehkoch, präsentierte es 1955 erstmals seinem staunendem Publikum. Es wurde begeistert aufgenommen und ist aus der deutschen Küche der 1950er- und 1960er-Jahre gar nicht mehr wegzudenken. Ananas und Cocktailkirsche standen wohl damals für den Duft der großen, weiten Welt.

Heute vermutet man, dass sich Clemens Wilmenrod von dem »Grilled Spamwich« inspirieren ließ, das der Hersteller des »Spam« genannten Dosenfleisches schon 1939 in seinem Kundenkochbuch abgedruckt hatte und das womöglich mit den US-Soldaten nach Deutschland gekommen war. Uns mag es recht sein. Bei jedem Biss in die vegetarische Variante träumen wir von den Stränden Hawaiis und der perfekten Welle …

4 Scheiben Vollkorntoastbrot
2 EL Butter oder Margarine
4 Bananen, geschält und längs halbiert
4 Scheiben frische Ananas, in Stücke geschnitten
4 Scheiben Gouda, mittelalt

Toastbrot in der Butter oder Margarine bei mittlerer Hitze in einer großen Pfanne leicht anrösten. Bananenhälften in der Mitte durchschneiden und jeweils 4 Stücke auf eine Toastbrotscheibe legen. Ananasstücke darauf häufeln und mit je 1 Käsescheibe bedecken. Pfannendeckel auflegen und den Käse schmelzen lassen.

Ist Ihre Pfanne für 4 Toastbrotscheiben zu klein, können Sie den Toast Hawaii natürlich auch im Backofen oder unter dem Grill zubereiten.

Cheese Toasties
Käsetoast

Die Geheimwaffe meiner Schwiegermutter, wenn die Familie ausgehungert von einem Ausflug nach Hause kommt und ganz schnell etwas Warmes zu essen her muss. Lecker schmeckt dazu ein grüner Salat.

Brotscheiben mit Butter oder Margarine bestreichen, vier Scheiben mit Cheddar belegen und die anderen Scheiben darüberklappen. Die Klappbrote auch von außen mit Butter oder Margarine bestreichen und in einer heißen Pfanne von beiden Seiten goldbraun anrösten.

8 große Scheiben Vollkorntoastbrot
Butter oder Margarine
4 dicke Scheiben Cheddar

Variationen:
- Rotes oder grünes Pesto unter den Cheddar streichen.
- Getrocknete und in Öl eingelegte Tomaten in Streifen schneiden und auf den Cheddar legen.
- Frische, gehackte Kräuter auf den Käse streuen.
- Mit anderen Käsesorten, z. B. Gruyere oder Blauschimmelkäse, experimentieren.

Light Lunch

Indian Fried Bread
Indianisches Pfannenbrot

Manfred Pietrzok erzählte mir von diesem interessanten Brot, dessen Zubereitung er in der Nähe von Ojai, California, und in der Umgebung des Matilija Lake in verschiedenen Haushalten der Chumash und einiger zugereister Hopi kennenlernte. Das Original wird auf heißen Backsteinen gebacken und aus blauem Maismehl gemacht, das hier aber nur schwer zu bekommen und ohne Tortilla-Presse auch nur sehr mühsam zu bearbeiten ist. Probieren Sie die leichter nachzubackende Version aus gelbem Maismehl und Dinkelmehl. Zur Not geht es auch in der Pfanne, am besten aber mit einem Crêpes-Bereiter, der sich wie ein Waffeleisen von oben schließen lässt.

Für die Brote:
200 g Maismehl
200 g Dinkelmehl, Type 630
1 Päckchen Weinstein-Backpulver
2 TL Backsoda (Natron)
1 TL Salz
½ l Wasser
Öl zum Ausbacken

Für das Topping:
100 g Cheddar, frisch gerieben
2 reife Avocados, geschält, entkernt und fein gewürfelt
½ Bund Korianderblätter, fein gehackt
2 TL Oregano, getrocknet
2 TL Zwiebeln, granuliert
1 TL Koriander, gemahlen
1 TL Kreuzkümmel (Cumin), gemahlen
1 TL Chiliflocken

Mehl, Backpulver, Backsoda und Salz vermischen und mit dem Wasser zu einem zähflüssigen Teig verrühren. Jeweils eine Portion mit einer Suppenkelle in einen verschließbaren, eingeölten Crêpes-Bereiter geben, fest zudrücken und von beiden Seiten bräunen.

Die Brote mit Käse, Avocado und Koriandergrün bedecken. Die Gewürze vermischen und die Brote je nach gewünschtem Schärfegrad damit bestreuen.

Dazu gibt es Salsa, Tomaten, Gurken und klein geschnittene Chilis, am besten die etwas milderen Jalapeños.

Light Lunch

Milkshakes
Milchshakes

Milk Shakes *sind vor allem im Sommer ein schönes i-Tüpfelchen jeder Mittagspause. Am besten schmecken sie aus hohen, mit Früchten, Minzeblättern oder kleinen Papierschirmchen dekorierten Gläsern. Die Rezepte reichen jeweils für vier Gläser.*

Jeweils alle Zutaten im Mixer schaumig schlagen und mit einem dicken Trinkhalm servieren.

Erdbeer-Shake
200 g Erdbeeren
4 Kugeln Vanilleeis
300 ml Buttermilch
2 EL Vollrohrzucker

Bananen-Shake
2 Bananen, geschält
½ l Milch
4 Kugeln Vanilleeis

Himbeer-Shake
200 g Himbeeren
4 Kugeln Vanilleeis
100 ml Milch
350 ml Kefir oder Schwedenmilch

Light Lunch

Popcorn
Puffmais

Das erste Popcorn meines Lebens ließ unser Austauschschüler Carl Tapp aus Kent, Ohio, 1968 in einem kleinen Dorf in Nordhessen in der Bratpfanne meiner Mutter knallen, die dazu verängstigt die Hände rang. Er hatte die Körner aus den USA mitgebracht und hob, als das Knallen endlich nachließ, triumphierend den Deckel, um uns von dem exotischen Wunderwerk kosten zu lassen. Thank you, dear Carl, for this impressive experience! Wenn wir uns in großen Abständen wiedersehen, können wir noch immer herzlich darüber lachen.

Auch wenn sie offenbar schon damals nicht ohne einen Notvorrat verreisen konnten, ist Popcorn keinesfalls eine Erfindung weißer Amerikanerinnen und Amerikaner. Durch Zugabe von Hitze und etwas Fett aufgeplatzte Maiskörner kannte schon die indianische Urbevölkerung und fand lange vor der Erfindung des Kinos reichlich Gelegenheit zum Popcorn-Knabbern. Von den Cherokee z. B. ist überliefert, dass sie es nicht nur zwischen, sondern auch zu den Mahlzeiten servierten.

Popcorn braucht man nicht in irgendwelchen Maschinen zuzubereiten oder gar fertig zu kaufen. Es lässt sich ganz einfach in einer Pfanne machen. Und wer ein Gartenstück hat, kann übrigens auch den Popcornmais problemlos selbst anbauen, die reifen Kolben zum Trocknen aufhängen und bei Bedarf spontan vom Kolben in die Pfanne streifen.

Die frühere deutsche Bezeichnung »Puffmais« kennt heute wahrscheinlich kaum noch jemand. Ich finde sie so schön, dass ich sie gerade deshalb noch einmal aufgeführt habe.

4 EL Bratöl
½ Tasse getrockenete Maiskörner (Popcornmais)
geschmolzene Butter oder Margarine nach Belieben
Salz, Zucker oder Zimtzucker nach Belieben

Öl und Maiskörner in eine fest verschließbare, große Pfanne mit hohem Deckel geben, zudecken und erhitzen, bis die ersten Maiskörner platzen. Nun die geschlossene Pfanne alle 20 bis 30 Sekunden immer wieder ruckartig hin- und herschieben, bis alle Körner geplatzt sind und wieder Ruhe eingekehrt ist. In eine Schüssel geben und je nach Geschmack mit geschmolzener Butter oder Margarine beträufeln und/oder mit Salz, Zucker oder Zimtzucker bestreuen.

Delicious Dinner

Das Dinner ist die unbestrittene Hauptmahlzeit im US-amerikanischen Tagesablauf und wird meist gegen Abend aufgetischt, wenn die Kinder aus der Ganztagsschule und die Eltern von der Arbeit zurückgekehrt sind. Es ist die gemeinsame Familienmahlzeit, bei der sich alle um den Esstisch versammeln, von ihren Erlebnissen am Tag berichten und gemeinsame Pläne für die Zukunft schmieden.

Es ist auch die Mahlzeit, zu der man Bekannte und Verwandte einlädt und dann auch schon mal etwas aufwendiger kocht *(Dinner Party)*. Und es ist die Mahlzeit, zu der sich Freundinnen und Freunde im Restaurant oder gar in einem Theater mit Restauration *(Dinner Theatre)* und Musik *(Dinner Concert)* treffen oder bei der sich verliebte Paare gern bei Kerzenschein tief in die Augen schauen *(Candle Light Dinner)*.

Unter den folgenden Rezepten finden Sie alles, was Sie für ein perfektes Dinner brauchen. Zwei Gänge gehören mindestens dazu, nämlich ein Hauptgericht und ein – meist ziemlich üppiges – Dessert. Als vegetarische Hauptgerichte bieten sich *Pies, Casseroles* (Aufläufe) oder zu festlichen Anlässen auch ein etwas aufwendigerer Nussbraten an. Aber auch fleischlose Varianten von Traditionsgerichten wie *Jamabalaya, Gumbo* oder »*Hoppin' John*« schaffen am Abend eine gute Sättigungsgrundlage.

Bei den Desserts ist Schlemmen erlaubt. Nahrhaftes wie Obstauflauf, Brotpudding oder Wildreis sind ebenso im Angebot wie überbackene Birnen, Grapefruit oder Cranberrys.

Die vegetarische Dinnerküche lässt keine Wünsche offen. *»It's fulfilling without killing«*, wie die US-Veggies reimen – ein kurzer Satz, mit dem alles gesagt ist, was gesagt werden muss!

Delicious Dinner

Hauptgerichte

Butternut Squash Lasagne
Butternusskürbis-Lasagne

Ein Rezept, das Dorothe Poggel von ihren netten Kolleginnen und Kollegen am Massachusetts Institute of Technology (MIT) in Cambridge, Massachusetts, gelernt und mit mir nachgekocht hat. Wegen des zarten Aromas und der besonders weichen Konsistenz lohnt es sich, im Herbst in gut sortierten Gemüseläden nach den in der amerikanischen Küche sehr beliebten Butternusskürbissen Ausschau zu halten. Auch in türkischen Läden sind sie mit etwas Glück zu finden. Natürlich schmeckt die Lasagne aber auch mit Hokkaidokürbis.

2 mittelgroße Butternusskürbisse
¼ l Gemüsebrühe
1 – 2 Knoblauchzehen, zerdrückt
Salz
Pfeffer
Muskatnuss, frisch gerieben
10 – 12 Lasagneblätter
300 g saure Sahne oder Sojasahne
100 g Parmesan, frisch gerieben

Die Butternusskürbisse in einem großen Topf mit reichlich Wasser ungeschält etwa 30 Minuten vorkochen.

Gekochte Kürbisse mit einem Sparschäler abschälen, halbieren, Kerne herauslösen und in große Stücke schneiden. Mit der Gemüsebrühe unter gelegentlichem Umrühren leise köcheln lassen, bis sie zu einer weichen, aber nicht zu flüssigen Masse zerfallen (eventuell noch etwas Brühe zugeben). Mit Knoblauch, Salz, Pfeffer und Muskat abschmecken.

In eine breite Auflaufform zunächst etwas Kürbismasse streichen, eine Schicht Lasagneblätter darauf verteilen und nun abwechselnd Kürbis und Nudelblätter aufschichten. Die oberste Schicht sollte aus der Kürbismasse bestehen. Saure Sahne oder Sojasahne darüberstreichen und mit dem Parmesan bestreuen. Bei 180 bis 200 °C etwa 30 Minuten backen, bis der Käse zart gebräunt ist.

Pizza à la Andrew's
Pizza wie bei Andrew's

Natürlich kann die Pizza nicht gerade als amerikanische Spezialität gelten. Aber die Idee zu dieser leckeren, gerade durch ihre Schlichtheit nachhaltig bestechenden Pizza brachten wir aus unserem Lieblingsrestaurant »Andrew's Diner & Coffee Shop« in der 7th Avenue in New York mit, um sie seitdem vielfach nachzubacken.

Mehl und Hefe mischen. Mit Ei, Öl, Zucker und Salz sowie dem lauwarmen Wasser zu einem geschmeidigen Teig verkneten. An einem warmen Ort zugedeckt 1 Stunde gehen lassen und anschließend auf einem gefetteten Backblech möglichst dünn ausrollen.

Für die Tomatensauce Zwiebel in der Butter oder Margarine glasig dünsten, Tomaten zugeben und mit Tomatenmark, Salz und Pfeffer mild abschmecken. Sahne oder Sojasahne dazugeben und die Sauce im Mixer oder mit dem Pürierstab pürieren.

Den Teig mit der Tomatensauce bestreichen. In größeren Abständen Mozzarellascheiben auflegen und die Pizza bei 180 bis 200 °C etwa 30 Minuten backen. Aus dem Ofen nehmen und unmittelbar vor dem Servieren mit den Basilikumblättern belegen.

Für den Teig:
500 g Weizenvollkornmehl
1 Päckchen Trockenhefe
1 Ei
5 EL Olivenöl
1 TL Vollrohrzucker
1 TL Salz
¼ l Wasser, lauwarm
Fett für das Blech

Für den Belag:
1 Zwiebel, gehackt
1 EL Butter oder Margarine
500 g Tomaten, geschält und
  klein geschnitten
2 EL Tomatenmark
Salz
Pfeffer
2 EL Schlagsahne
  oder Sojasahne
250 g Mozzarella, in dünne
  Scheiben geschnitten
½ Bund Basilikum

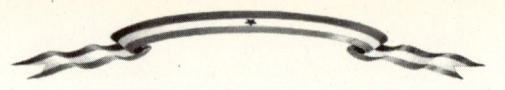

American Pies

Die in allen englischsprachigen Ländern populären Pies haben eine lange Tradition. Als praktischer Proviant wurden sie z. B. zur Feldarbeit oder auf Reisen mitgenommen. In England waren und sind sie besonders beliebt und schon seit dem 12. Jahrhundert durch schriftliche Quellen belegt. Die Pilgermütter und -väter nahmen die Rezepte mit in die Neue Welt und füllten ihre Pies zunächst mit den essbaren Beeren und Früchten, die ihnen die Urbevölkerung zeigte. Später kamen dann viele Varianten und regionale Spezialitäten dazu. Pies mit pikanter Füllung dienen als Hauptgerichte, mit süßer Füllung werden sie als Desserts serviert.

Pies werden in flachen, runden Backformen zubereitet. Die Formen werden mit einem Teig ausgelegt, der zu einem 2 bis 3 Zentimeter hohen Rand hochgezogen wird. Bei »gedeckten« Pies wird zusätzlich ausgerollter Teig (»*top crust*«) auf die Füllung gelegt.

Zu der Frage, welche Formen am besten geeignet sind, gibt es sehr unterschiedliche Meinungen. Die einen schwören auf Formen aus Stahlblech, weil sie die Hitze besser leiten und dadurch eine gleichmäßigere Bräunung ermöglichen. Außerdem verkürzt sich die Backzeit, da sich Backformen schneller aufheizen. Andere halten dagegen, dass man bei Formen aus ofenfestem Glas viel besser prüfen kann, ob sich der Teigboden schon ausreichend gebräunt hat, und dass man den Pie aus der Glasform besser schneiden kann, ohne sich über Kratzer Sorgen zu machen. Dazu kann es bei Glas, anders als bei Metall, keine geschmacksverändernden Reaktionen mit der Säure möglicher Obstfüllungen geben. Welcher der beiden »Schulen« Sie sich anschließen, müssen Sie selbst entscheiden. Ich verwende eine Glasform, weil ich sie auf dem Tisch schöner finde.

In jedem Fall hat die typisch amerikanische Pie-Form (»*9 Inch Pie Pan*«) oben einen Durchmesser von knapp 23 Zentimetern und einen schrägen, etwa 4 Zentimeter hohen Rand. Der Durchmesser des Bodens beträgt 18 Zentimeter. Dieses Standardmaß ist deutlich kleiner als die bei uns üblichen Springformen mit 26 oder 28 Zentimeter Durchmesser. Wollen Sie deutsche Rezepte in einer Pie-Form backen, müssen Sie entsprechend weniger Teig und Füllung zubereiten.

Wegen des schrägen Rands sind Pies nur schwer als Ganzes aus der Form zu lösen. Die Stücke werden deshalb meist direkt in der Form geschnitten und ausgeteilt.

Spinach Pie
Spinat-Pie

Zu dem herzhaften Spinat-Pie passt zum Beispiel ein kräftig gewürzter Tomatensalat.

Das Mehl mit dem Salz in eine Schüssel geben, Butter oder Margarine in Flocken zugeben, mit 1 Ei und dem kalten Wasser zu einem Mürbeteig verkneten und etwa 30 Minuten kalt stellen. Gut zwei Drittel des Teigs auf dem Boden einer gefetteten Pie-Form oder Springform ausrollen, das restliche Drittel zu einer langen Schlange rollen und daraus einen etwa 1 Zentimeter hohen Rand formen. Den Teig mit einer Gabel mehrmals einstechen und bei 180 bis 200 °C 10 Minuten vorbacken.

Für die **Füllung** die Eier verquirlen, Spinat, körnigen Frischkäse, Cheddar und Knoblauch gut unterrühren und mit Salz und Pfeffer würzen. Die Füllung in den vorgebackenen Boden füllen und bei 180 bis 200 °C etwa 50 Minuten backen, bis die Füllung fest ist. Noch warm servieren.

Für den Teig:
150 g Weizenvollkornmehl
1 TL Salz
75 g Butter oder Margarine
1 Ei
1 EL kaltes Wasser
Fett für die Form

Für die Füllung:
2 Eier
450 g Spinat, tiefgefroren und aufgetaut
200 g körniger Frischkäse
150 g Cheddar, frisch gerieben
1 Knoblauchzehe, zerdrückt
½ TL Kräutersalz
Pfeffer

Delicious Dinner

Soy Stroganov
Soja Stroganoff

Auch das nach einer russischen Adelsfamilie benannte Ragout, das Ende des 19. Jahrhunderts aus einem Kochwettbewerb in Sankt Petersburg als Gewinner hervorgegangen sein soll, ist natürlich kein traditionell amerikanisches Gericht. Unvergessen ist jedoch die grandiose Szene, in der Woody Allen in »Mach's noch einmal, Sam« als New Yorker Stadtneurotiker seiner Geliebten am Telefon von seinen Kochversuchen berichtet: »Das Stroganoff tropft noch von der Decke …« Mit dieser ganz leicht zuzubereitenden, vegetarischen Variante kann Ihnen dies natürlich nicht passieren!

*100 g Soja-Schnetzel
 (aus dem Reformhaus
 oder Naturkostladen)
4 EL Tamari-Sojasauce
½ l Wasser, heiß
2 Zwiebeln, fein gehackt
3 EL Rapsöl
3 EL Weizenvollkornmehl
¼ l kalte Gemüsebrühe
150 g saure Sahne
 oder Sojasahne
Salz
Pfeffer
1 – 2 EL Zitronensaft
2 Gewürzgurken,
 fein gehackt
100 g Champignons,
 blättrig geschnitten*

Soja-Schnetzel in einer Schüssel gut mit der Sojasauce vermischen, mit dem heißem Wasser aufgießen und 10 Minuten einweichen lassen (dabei gelegentlich umrühren).

Zwiebeln in 1 EL Öl glasig dünsten, mit dem Mehl bestreuen und vom Herd nehmen. Gemüsebrühe mit dem Schneebesen einrühren, bis sich das Mehl ohne Klümpchen gelöst hat. Zum Kochen bringen und etwa 10 Minuten leise köcheln lassen. Saure Sahne oder Sojasahne unterrühren und die Sauce mit Salz, Pfeffer und Zitronensaft abschmecken. Gurken und Pilze unterziehen und noch einige Minuten köcheln lassen.

In der Zwischenzeit die Soja-Schnetzel über ein Sieb abgießen und mit einem großen Löffel ausdrücken. Im restlichen Öl rundherum kräftig anbraten. Mit der Sauce vermischen und eventuell nochmals mit Salz und Pfeffer nachwürzen.

Lecker mit Bandnudeln oder Reis!

Delicious Dinner

Chili sin carne
Chili sin carne

Chili ist DAS Texmex-Gericht schlechthin. Fleisch brauchen wir dafür nicht, deshalb bitte »sin carne«. Wer es mag, gibt gewürfelten Räuchertofu mit hinein und nennt es »Chili con tofu«.

Schälerbsen, Linsen, Kohl und Zwiebel in einen großen Suppentopf geben, mit Gemüsebrühe angießen, zum Kochen bringen und etwa 30 Minuten kochen lassen. Restliche Zutaten außer Bohnen zugeben und weitere 15 Minuten köcheln lassen. Zuletzt die Bohnen einrühren und noch einmal 30 Minuten kochen.

25 g halbe gelbe Schälerbsen
25 g braune Linsen
200 g Wirsingkohl,
   fein geschnitten
1 große Zwiebel, gehackt
½ l Gemüsebrühe
1 Chilischote,
   entkernt und gehackt
2 mittelgroße Möhren,
   gewürfelt
2 Stangen Staudensellerie,
   in dünne Streifen
   geschnitten
1 EL Basilikum,
   klein gezupft
4 Stängel Koriander,
   fein gehackt
2 Knoblauchzehen,
   zerdrückt
½ TL Salz
½ TL Kreuzkümmel
   (Cumin), gemahlen
Pfeffer
Chilipulver nach Geschmack
500 g Tomaten, überbrüht,
   geschält und gewürfelt
240 g Kidneybohnen,
   gekocht

123

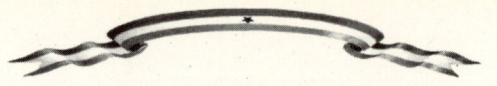

Nachos, Tortillas, Burritos & Co.

Die im Grenzgebiet zwischen Mexiko und dem Südwesten der USA entstandene Texmex-Küche greift auf traditionelle mexikanische Spezialitäten zurück, die zu eigenständigen Gerichten weiterentwickelt wurden.

Grundlage vieler Gerichte sind die aus Mais oder Weizen hergestellten Tortillas, die an Pfannkuchen oder flaches Fladenbrot erinnern. Maistortillas sind die authentischere Variante, in der Herstellung aber sehr aufwendig, weil der Mais erst in gebranntem Kalk oder Holzasche eingeweicht und gekocht werden muss (»Nixtamalisierung«), ehe sich daraus ein Backteig anrühren lässt. In Nordmexiko und in den USA sind deshalb Weizen-Tortillas weit verbreitet, die auch kalt weich und biegsam sind und sich sehr gut füllen und aufrollen lassen.

Tortillachips sind getrocknete, geschnittene und in Öl gebackene Tortillas. Zu Nachos werden sie, wenn sie mit geschmolzenem Käse und anderen Zutaten übergossen oder überbacken werden. Erfunden wurden sie 1943 in dem mexikanischen Grenzort Piedras Negras von dem Kellner Ignacio Anaya im dortigen »Victory Club«. Eines Abends, so heißt es, kam eine Gruppe von Amerikanern von der nahegelegenen Fort Duncan Air Base zum Essen in den Club, als der Koch schon gegangen war. Ignacio (Spitzname »Nacho«) improvisierte in der Küche und fand ein paar Tortillas vom Vortag, die er frittierte und mit Käse überbuk. Das aus der Not geborene Gericht kam so gut an, dass sein Chef es unter dem Namen »Nacho's Especiales« auf die Speisekarte nahm. Von dort aus trat es einen beispiellosen Siegeszug rund um den Erdball an.

Tacos sind kleinere, aufgerollte Tortillas mit beliebiger Füllung und werden oft aus der Hand gegessen. Man unterscheidet zwischen weichen Weizen-Tortillas (*»Soft-Shell Tacos«*) und festen, knusprigen Mais-Tortillas (*»Hard-Shell Tacos«*).

Burritos (= kleine Esel) sind größere, gefaltete und gerollte Tortillas mit reichhaltiger Füllung. Oft wird die Teigrolle auch mit saurer Sahne bestrichen und mit Salat belegt. Werden Tortillas und Zutaten einzeln serviert und von jedem Mitessenden individuell gefüllt, werden sie zu Fajitas.

Alle diese Texmex-Gerichte lassen sich je nach Lust und Vorratslage nahezu unendlich variieren. Unverzichtbare Beigaben sind eine feurige Salsa und zum Ablöschen ein Schälchen mit saurer Sahne.

Dorothe's Nacho Casserole
Dorothes Nacho-Auflauf

Ein wunderbares Texmex-Gericht von Dorothe Poggel. Nehmen Sie nicht zu viel Salz, weil ja schon die Tortillachips oft sehr salzig sind. Und noch ein sehr wichtiger Tipp: Die Chilischoten unbedingt immer nur zwischen Küchenkrepp und nie mit bloßen Fingern zerkrümeln! (Kommt man sonst später mit den Fingern an die Augen, brennt es höllisch …)

Paprika, Zwiebeln und Knoblauch mit den Gewürzen im Öl andünsten. Tomaten, Mais und Kidneybohnen dazugeben und 10 Minuten bei geringer Hitze köcheln lassen. In eine große, gefettete Auflaufform eine Schicht Gemüse geben, mit Tortillachips belegen, mit Sahne oder Sojasahne bestreichen und Käse bestreuen. Diese Reihenfolge mehrmals wiederholen und mit Gemüse abschließen. Bei 180 °C etwa 30 Minuten backen.

1 rote Paprikaschote, gewürfelt
1 grüne Paprikaschote, gewürfelt
2 Zwiebeln, in Ringe geschnitten
4 Knoblauchzehen, zerdrückt
Salz
Pfeffer
1 EL Oregano
1 TL Kreuzkümmel (Cumin), gemahlen
3 getrocknete Chilischoten, zerkrümelt
Öl zum Braten
800 g Tomaten, überbrüht, geschält und gewürfelt
280 g Gemüsemais, gegart
500 g Kidneybohnen, gekocht
Fett für die Form
300 g Tortillachips, Natur
200 g saure Sahne oder Sojasahne
150 g Cheddar, gerieben

Delicious Dinner

Sweet Potato Chili
Süßkartoffel-Chili

Sie heißt Kartoffel, gehört aber zu einer ganz anderen Pflanzenfamilie und ist viel eher mit der Karotte verwandt, zumal sie ebenfalls zu den Wurzelgemüsen zählt. Den süßlichen Geschmack verdankt die aus Mittelamerika stammende Süßkartoffel dem relativ hohen Gehalt an Zucker. Darüber hinaus enthält sie reichlich Vitamine und Mineralstoffe. Rotfleischige Knollen haben das angenehmste Aroma. Sie werden ähnlich wie Kartoffeln gekocht, frittiert, überbacken oder gebraten, harmonieren aber auch sehr gut mit süßen Backwaren.

1 mittelgroße Zwiebel, gewürfelt
1 kleine Chilischote, entkernt und gehackt
1 EL Rapsöl
1 Knoblauchzehe, zerdrückt
1 TL Kreuzkümmel (Cumin), gemahlen
¼ TL Zimt, gemahlen
¼ l Gemüsebrühe
500 g Süßkartoffeln, geschält und gewürfelt
500 g Tomaten, überbrüht, geschält und gewürfelt
3 EL Tomatenmark
240 g Kidneybohnen, gekocht
1 mittelgroßer Apfel, entkernt, geschält und gewürfelt
200 g Ananas, gewürfelt
Salz
Pfeffer
Tabascosauce

Zwiebel und Chilischote im Öl andünsten, Knoblauch und Gewürze zufügen und noch etwas weiterdünsten lassen. Gemüsebrühe und restliche Zutaten zufügen, zum Kochen bringen und etwa 30 bis 40 Minuten köcheln lassen, bis die Süßkartoffeln weich sind. Je nach gewünschtem Schärfegrad mit Salz, Pfeffer und Tabascosauce abschmecken.

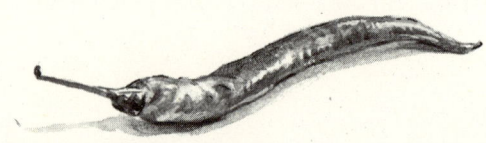

Scharfe Sachen: Tabasco & Co.

In jedem amerikanischen Küchenschrank steht eine Flasche Tabascosauce – auch wenn es manchmal ein Weilchen dauert, bis sie zur Neige geht. (Über ein Paar, das lange zusammen ist, heißt es manchmal scherzhaft: »Die sind schon bei der zweiten Flasche Tabasco …«)

Doch auch wenn sie nicht so häufig im Gebrauch ist, im entscheidenden Moment muss die Flasche natürlich immer griffbereit sein, um so manchem Gericht genau die richtige Schärfe zu geben. Und genau das tut die Tabascosauce zuverlässig, seitdem sie 1868 von dem Familienbetrieb McIlhenny Co. erstmals auf den Markt gebracht wurde.

Wie sie ganz genau hergestellt wird, ist bis heute ein streng gehütetes Familiengeheimnis. Klar ist nur, dass außer den Chilis der Sorte Tabasco ausschließlich Essig und Salz, aber keinerlei Konservierungsmittel oder Farbstoffe in die Fläschchen kommen und der besondere Geschmack der Sauce durch die dreijährige Fermentierung in echten Eichenfässern entsteht. Die verwendeten Chilis werden inzwischen zwar überwiegend von Vertragsbauern in Lateinamerika angebaut, stammen aber alle aus eigener Zucht, und das Salz wird direkt auf Avery Island, dem Sitz der Firma McIlhenny Co., gewonnen.

Auf Avery Island, einer etwa neun Quadratkilometer kleinen, durch einen »Salzdorn« entstandenen Insel im Mississippi-Delta in Louisiana, die sich ebenfalls im Familienbesitz befindet, steht auch das aus rotem Backstein erbaute, von außen ganz altmodisch wirkende, innen aber natürlich hochmodern ausgebaute Firmengebäude, in dem bis heute jedes einzelne Tabascofläschchen abgefüllt wird. Weltweit wird die Sauce in insgesamt 164 Länder exportiert (Deutschland steht nach Japan bei den Abnehmerländern an zweiter Stelle), die Etiketten werden in 21 verschiedenen Sprachen gedruckt. Schauen Sie selbst nach: Auf jedem einzelnen Fläschchen steht »Avery Island, LA«.

Der Rest der Insel ist ein privat geschaffenes und sorgsam betreutes Naturschutzgebiet, in dem seltene oder vom Aussterben bedrohte Tier- und Pflanzenarten überleben können. Das faszinierte mich am meisten, als ich, von Neugier getrieben, vor einigen Jahren auf die abgelegene, von Wasser und Salzsümpfen umgebene Insel fuhr und einen ganzen Tag lang dort herumwanderte, wunderschöne Pflanzen bestaunte und seltene Vögel beobachtete. Ein äußerst ungewöhnliches Ambiente für ein weltweit agierendes Unternehmen!

Delicious Dinner

Veggie Lover's Gumbo
Gemüsefan-Gumbo

Dieser in den US-amerikanischen Südstaaten weitverbreitete, würzige Klassiker der Cajun-Küche wird typischerweise mit einer dunklen Mehlschwitze (die Cajuns verwenden dafür das französische Wort »roux«) und Okraschoten angedickt. Der Name »Gumbo« wird von »kingombo«, dem angolanischen Wort für Okra, abgeleitet. Tatsächlich erinnert die Zubereitung an afrikanische Okrasuppen. Nicht fehlen darf natürlich die »Holy Trinity« (= Heilige Dreifaltigkeit) der Cajun-Küche: Staudensellerie, Paprika und Zwiebeln. Tomaten, grüne Bohnen, Möhren und Pastinaken bereichern diese vegetarische Version.

3 EL Rapsöl
2 EL Weizenvollkornmehl
1 Zwiebel, gehackt
1 kleine grüne Paprikaschote, gewürfelt
2 Stangen Staudensellerie, in Streifen geschnitten
400 g Tomaten, überbrüht, geschält und gewürfelt
100 g grüne Bohnen, frisch oder tiefgefroren
2 Möhren, in Scheiben geschnitten
1 Pastinake, in Scheiben geschnitten
100 g Okraschoten, in Scheiben geschnitten
1 TL Kreuzkümmel (Cumin), gemahlen
1 TL Paprikapulver
1 TL getrockneter Oregano
½ l Gemüsebrühe
Salz
Pfeffer
Cayennepfeffer
einige Spritzer Tabascosauce

Öl und Mehl in einer schweren Pfanne erhitzen und unter ständigem Rühren so lange weiterköcheln, bis die Mischung eine dunkelbraune Farbe annimmt. Zwiebel, Paprika und Sellerie einrühren und noch einige Zeit mitdünsten lassen. Restliches Gemüse und die Gewürze zugeben, Gemüsebrühe angießen und bei geringer Hitze etwa 25 Minuten köcheln lassen, bis das Gemüse weich ist. Zuletzt noch einmal mit Salz, Pfeffer, Cayennepfeffer und Tabascosauce abschmecken.

Dazu gibt es Reis.

Hoppin' John
Hüpfender John

Hauptzutat dieses nahrhaften, afroamerikanischen Eintopfes sind die aus Afrika stammenden Black Eyed Peas, *auf Deutsch Augenbohnen (weil der schwarz umrandete, weiße Nabel wie ein Auge aussieht) oder auch Kuhbohnen genannt. Welcher John wann und wo gehüpft ist, um dem alten Südstaatengericht seinen Namen zu geben, lässt sich heute nicht mehr ausmachen. Fest steht, dass es besonders bei der schwarzen Bevölkerung von North und South Carolina weit verbreitet ist, schon Mitte des 19. Jahrhunderts schriftlich erwähnt wurde und traditionell bis heute am Neujahrstag gegessen wird, weil es so viel Glück bringen soll. Viele Familien im Süden stoßen in der Silvesternacht mit Sekt an und verzehren gleich darauf eine ordentliche Portion Hoppin' John. Manche werfen sogar vor dem Servieren eine blank geputzte Münze in den Topf. Wer sie später auf seinem Teller wiederfindet, wird unter lautem Gejohle zum Glückspilz des neuen Jahres erklärt. Natürlich kann das Gericht aber auch an allen anderen Tagen des Jahres als Glücksbringer genossen werden.*

Augenbohnen über Nacht in reichlich Wasser einweichen. Über einem Sieb abtropfen lassen. Zwiebeln und Knoblauch im Öl glasig dünsten, Bohnen und Gemüsebrühe zufügen, zum Kochen bringen und etwa 40 Minuten köcheln lassen. Übrige Zutaten hinzufügen und weitere 20 bis 25 Minuten kochen, bis der Reis gar ist. Zum Schluss noch einmal mit Salz und Pfeffer und Tabascosauce abschmecken.

250 g Augenbohnen
2 Zwiebeln, gewürfelt
2 Knoblauchzehen, zerdrückt
2 EL Rapsöl
750 ml Gemüsebrühe
100 g Naturreis, parboiled
150 g Räuchertofu, fein gewürfelt
je 1 grüne und rote Paprikaschote, fein gewürfelt
1 Chilischote, entkernt und fein geschnitten
½ TL Thymian, getrocknet
Salz
Pfeffer
Cayennepfeffer
einige Spritzer Tabascosauce

Delicious Dinner

Un-Turkey Thanksgiving Nut Roast
Truthahnfreier Nussbraten für Thanksgiving

Auch wenn die meisten anderen Bestandteile vegetarisch sind, steht im Zentrum des konventionellen Thanksgiving Dinners ein gebratener Truthahn. Seit Langem gibt es deshalb in Bio- und auch Supermärkten unter dem Namen »Tofurkey« einen vorgefertigten Braten auf Sojabasis. Einen schönen Festtagsbraten können wir aber auch ganz einfach selbst zubereiten. Dieser Nussbraten hat sich bei vielen festlichen Gelegenheiten bestens bewährt.

2 große Zwiebeln, fein gehackt
2 Knoblauchzehen, zerdrückt
3 EL Rapsöl
400 ml Gemüsebrühe, heiß (nicht kochend!)
1 EL Thymian, getrocknet
1 TL Salbei, getrocknet
½ TL Rosmarin, getrocknet
1 TL Basilikum, getrocknet
1 TL Hefeextrakt
1 TL Tamari-Sojasauce
Saft einer halben unbehandelten Zitrone
1 EL Hefeflocken
¼ TL schwarzer Pfeffer
300 g Nüsse (z. B. 200 g Mandeln und 100 g Walnüsse oder Para-, Hasel- oder Cashewnüsse), gemahlen
50 g Weizenvollkornmehl
50 g feine Haferflocken
100 g Vollkornsemmelbrösel
Fett für die Form

Zwiebeln und Knoblauch in einem großen Topf in Rapsöl goldbraun dünsten. Gemüsebrühe mit Kräutern, Hefeextrakt, Sojasauce, Zitronensaft, Hefeflocken und schwarzem Pfeffer mischen und zugießen.

Nüsse, Mehl, Haferflocken und Semmelbrösel mischen, in die heiße Flüssigkeit geben und zu einer steifen Masse verrühren (bei Bedarf etwas Wasser oder Mehl dazugeben).

Die Nussmasse in eine gefettete Kastenform geben, flach ausstreichen und den Braten bei 180 bis 200 °C etwa 30 Minuten backen. Etwas abkühlen lassen, vorsichtig lösen und auf eine Bratenplatte stürzen.

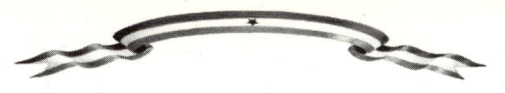

Thanksgiving

Das *Thanksgiving Dinner* ist so etwas wie das jährlich wiederkehrende Hochamt der US-amerikanischen Küche. Gleichzeitig ist Thanksgiving das Familienfest überhaupt, ein staatlicher Feiertag, mit dem sich Angehörige aller Religionen und Nicht-Religionen gleichermaßen identifizieren und an dem alle Amerikanerinnen und Amerikaner, wenn es irgend geht, nach Hause in den Schoß der Familie eilen.

Es wird immer am vierten Donnerstag im November gefeiert, viele nehmen sich auch den darauffolgenden Freitag frei und verbringen das lange Wochenende in der Großfamilie mit Großeltern, Tanten, Onkeln, Cousins, Cousinen sowie großen und kleinen Kindern und dem Freundeskreis. Dabei geht es tatsächlich in erster Linie um das Zusammensein; Geschenke sind zu Thanksgiving unüblich.

Thanksgiving mit »Erntedankfest« zu übersetzen, wie dies vielfach leider immer noch geschieht, greift viel zu kurz, denn der Feiertag hat sowohl eine ganz stark familiäre als auch eine nationale Komponente, weil er bis in die Zeit der Pilgermütter und -väter zurückbezogen wird. Die hatten sich nämlich nach einem ersten harten Winter Hilfe suchend an die benachbarten Stämme der Wampanoag gewandt, die ihnen zeigten, wie man Mais und andere einheimische Pflanzen anbaut.

Die aus diesem ersten »Multikultiprojekt« resultierende reiche Ernte des nächsten Herbstes führte dann zu einem gemeinsamen »Danksagungsfest« von Urbevölkerung und weißen Siedlern. Dieses erste Thanksgiving fand 1621 in der Nähe von Plymouth Rock in Massachusetts statt. In etwa an dieser Stelle informiert heute die Plimoth Plantation mit dem Konzept des »Living Museum« sehr direkt und eindrucksvoll über die näheren Umstände und die Lebensbedingungen sowohl der Wampanoag als auch der ersten weißen Siedlerinnen und Siedler.

Schon bei diesem ersten Thanksgiving stand ein wahres Festmahl im Mittelpunkt, das relativ gut dokumentiert ist, sodass man sich bis heute daran orientieren kann. Süßkartoffeln (siehe Seite 144), Cranberrysauce (siehe Seite 147), *Pumpkin Pie* (siehe Seite 171) und das indianische Gericht *Sautauthig* (siehe Seite 33) spielten und spielen dabei eine zentrale Rolle. Den lange Zeit obligatorischen Truthahn lassen Vegetarierinnen und Vegetarier und andere achtsame Menschen lieber am Leben. In Super- und Biomärkten gibt es längst fertige Alternativen, in den einschlägigen Zeitschriften und Foren werden eifrig »Un-Turkey«-Rezepte ausgetauscht.

Delicious Dinner

Seitan Jambalaya
Seitan-Jambalaya

Den Country-Hit »Jambalaya« von Hank Williams haben Sie bestimmt schon einmal gehört. (Mein Favorit ist die Coverversion von Creedence Clearwater Revival!) Vielleicht wussten Sie aber noch nicht, dass der Song von der berühmtesten Reispfanne der Cajun-Küche handelt, die es in Louisiana und den angrenzenden US-Bundesstaaten überall zu essen gibt. Eine Theorie führt den Namen (der auf der vorletzten Silbe betont wird) auf »jambon« (französisch, = Schinken), »à la« (französisch, = nach Art von) und »ya-ya« (westafrikanisch, = Reis) zurück. Mit Seitan können Sie eine schmackhafte vegetarische Variante zubereiten.

Hören Sie beim Schnippeln des Gemüses unbedingt das gleichnamige Gute-Laune-Lied. Das gilt insbesondere für alle Frauen namens Yvonne – deren Name reimt sich darin nämlich auf »the sweetest one«!

200 g Naturreis
400 ml Gemüsebrühe
100 ml Tomatensaft
2 Zwiebeln, gehackt
2 Knoblauchzehen, zerdrückt
2 EL Olivenöl
½ rote Paprikaschote, gewürfelt
1 Stange Staudensellerie, in Streifen geschnitten
1 TL Kreuzkümmel (Cumin), gemahlen
1 TL Chilipulver
½ TL Thymian, getrocknet
½ TL Salbei, getrocknet
½ TL Selleriesamen
Salz
Pfeffer
Cayennepfeffer
500 g Tomaten, überbrüht, geschält und gewürfelt
350 g Seitan, sehr klein gewürfelt
Tabascosauce nach Belieben

Reis in Gemüsebrühe und Tomatensaft etwa bis zur Hälfte der Garzeit (Packungsangabe) kochen lassen.

In der Zwischenzeit in einer großen Pfanne Zwiebeln und Knoblauch im Olivenöl glasig dünsten. Paprika, Sellerie und Gewürze zugeben und einige Minuten lang kräftig anbraten. Tomaten und Seitan sowie den Reis mit der Flüssigkeit zugeben, alles gut verrühren und so lange bei geringer Hitze garen lassen, bis der Reis gar und die Flüssigkeit aufgesogen ist. Bei Bedarf mit Tabascosauce abschmecken.

Delicious Dinner

Shenandoah Valley Rice Casserole
Reisauflauf aus dem Shenandoah Valley

Den imposanten Shenandoah River kennen Sie sicherlich aus dem Song »Take Me Home, Country Roads« von John Denver (2000 zum Country-Song des Jahrhunderts erklärt). Das schöne Flusstal und der wald- und bergreiche Shenandoah National Park sind tolle Ausflugsziele, nur 75 Meilen von der US-Hauptstadt Washington D. C. entfernt und für mich der Inbegriff des ländlichen Amerikas. Von dort stammt dieser kernige Reisauflauf.

Zwiebel, Nüsse und Champignons in Butter oder Margarine dünsten. Rohen Reis in eine Auflaufform geben, erst die heiße Brühe und die Petersilie, dann die Nuss-Pilz-Mischung zugeben und zuletzt den Käse unterrühren. Bei 180 bis 200 °C etwa 50 bis 60 Minuten backen, bis die Flüssigkeit aufgesogen und der Reis gar ist.

1 Zwiebel, gehackt
50 g Walnüsse, grob gehackt
250 g braune Champignons, geputzt und gewürfelt
2 EL Butter oder Margarine
200 g Naturreis
550 ml Gemüsebrühe, heiß
½ Bund Petersilie, fein gehackt
200 g Cheddar, geraspelt

Sweet Potatoes and Beans
Gebackene Süßkartoffeln mit Bohnenfüllung

4 mittelgroße Süßkartoffeln
1 Zwiebel, gehackt
2 Knoblauchzehen, zerdrückt
2 TL Kreuzkümmel (Cumin), gemahlen
1 TL Koriander, gemahlen
½ TL Chilipulver
2 EL Olivenöl
400 g Tomaten, überbrüht, geschält und gewürfelt
¼ l Gemüsebrühe
250 g Zucchini, gewürfelt
1 grüne Paprikaschote, entkernt und gewürfelt
300 g Gemüsemais, gegart
800 g Kidneybohnen, gekocht
1 Bund Petersilie, gehackt
Tabascosauce
4 EL saure Sahne oder Sojasahne
4 EL Cheddar, geraspelt

Süßkartoffeln einige Male mit einem spitzen Messer einstechen und im Backofen bei 180 bis 200 °C etwa 60 Minuten backen, bis sie innen weich sind (Test mit scharfem Messer).

Zwiebel, Knoblauch und Gewürze im Öl andünsten. Tomaten, Gemüsebrühe, Gemüse, Bohnen und Petersilie zugeben, zum Kochen bringen und etwa 20 bis 30 Minuten leise köcheln lassen, bis die Flüssigkeit weitgehend aufgesogen ist. Je nach gewünschtem Schärfegrad mit Tabascosauce abschmecken.

Gebackene Süßkartoffeln der Länge nach aufschneiden und die beiden Hälften etwas auseinanderdrücken. Bohnenfüllung hineinlöffeln und zuletzt jede Portion mit 1 EL saurer Sahne oder Sojasahne und 1 EL Käse garnieren.

Divine Tofu Ragout
Göttliches Tofu-Ragout

Tofuwürfel mit Zitronensaft beträufeln und mit Salz und Pfeffer würzen.

Lauch in der Butter oder Margarine in einem großen Topf andünsten, Tofu dazugeben und einige Minuten mitdünsten lassen. Gemüsebrühe angießen, Erbsen einstreuen und bei geringer Hitze 5 bis 10 Minuten garen lassen. Sahne und Senf verquirlen und unter das Ragout ziehen. Vor dem Servieren mit der Petersilie bestreuen.

Einfach köstlich zu Reis oder Quinoa.

400 g Tofu, grob gewürfelt
Saft einer unbehandelten Zitrone
Salz
Pfeffer
200 g Lauch, in feine Ringe geschnitten
2 EL Butter oder Margarine
125 ml Gemüsebrühe
300 g Erbsen, frisch oder tiefgekühlt
2 EL Dijon-Senf
100 g saure Sahne
100 ml Schlagsahne
½ Bund Petersilie, fein gehackt

Delicious Dinner

Tofu Hush Puppies
Knusprige Tofubällchen

Hush Puppies *sind ursprünglich aus Maisgrieß, Mehl und Milch geformte Bällchen, die in reichlich Fett frittiert werden. Der Legende nach stammt der Name daher, dass man sie abends am Feuer mit dem Ausspruch* »Hush, Puppies« *(= Still, ihr Welpen) den jungen Hunden zuwarf, um sie zu beruhigen. Die knusprigen Tofubällchen hätten ihnen ganz sicherlich auch geschmeckt.*

500 g Tofu, mit der Gabel zerdrückt
60 g Parmesan, frisch gerieben
60 g Vollkornsemmelbrösel
2 EL Petersilie, fein gehackt
2 EL Olivenöl
2 EL Sojasauce
1 Knoblauchzehe, zerdrückt
6 EL Sesam
Öl zum Ausbacken

Alle Zutaten außer dem Sesam und dem Öl im Mixer oder mit dem Pürierstab vermengen. Mit nassen Händen kleine Bällchen formen. Tofubällchen in Sesam wälzen und in reichlich heißem Öl knusprig goldbraun ausbacken.

Dazu schmeckt ein frisch gestampftes Kartoffelpüree.

Black Bean Burritos
Burritos mit schwarzen Bohnen

Mehl, Backpulver, Salz und Öl verrühren. Nach und nach das warme Wasser zugeben und die Masse zu einem glatten Teig verkneten. (Falls der Teig klebt, noch etwas Mehl zugeben.) Abgedeckt etwa 1 Stunde ruhen lassen.

Den Teig in acht gleich große Stücke aufteilen, zu Kugeln formen und mit dem Nudelholz auf einer bemehlten Fläche zu flachen Fladen mit etwa 23 Zentimeter Durchmesser ausrollen.

Die Fladen nach und nach in eine ohne Fett erhitzte Pfanne legen und von jeder Seite etwa 1 Minute braten, bis der Teig Blasen schlägt. Abgedeckt auf einem Teller sammeln.

Für die **Füllung** Zwiebel, Knoblauch und Chili in Öl andünsten, Zucchini, Tomaten und Bohnen mitdünsten. Maismehl unterrühren und mit den Gewürzen pikant abschmecken.

Pro Person zwei Tortillas mit Guacamole bestreichen. Eisbergsalat, Tomatenwürfel und die heiße Füllung in die Mitte geben, mit 2 bis 3 EL Käse bestreuen. Tortillas oben und unten 1 bis 2 Zentimeter breit einklappen und dann von der Seite her aufrollen. Mit der Salsa und der sauren Sahne servieren.

Für die Weizentortillas:
500 g Weizenvollkornmehl
2 TL Backpulver
1 TL Salz
60 ml Rapsöl
350 ml Wasser, warm
Mehl für die Arbeitsfläche

Für die Füllung:
1 Zwiebel, fein gehackt
2 Knoblauchzehen, zerdrückt
1 rote Chilischote, entkernt und fein geschnitten
2 EL Öl
250 g Zucchini, fein gewürfelt
2 Tomaten, überbrüht, geschält und geviertelt
250 g schwarze Bohnen, gekocht
2 EL Maismehl
½ TL Oregano, getrocknet
½ TL Paprikapulver
½ TL Kreuzkümmel (Cumin), gemahlen
Salz
Pfeffer
Tabascosauce

Dazu:
150 ml Guacamole (siehe Seite 104)
¼ Eisbergsalat, fein gehackt
4 Tomaten, gewürfelt
50 g Cheddar, geraspelt
150 ml Salsa (siehe Seite 105)
150 g saure Sahne

Tacos »Three Amigos«
Tacos »Drei Amigos«

Für die Weizentortillas:
500 g Weizenvollkornmehl
1 TL Backpulver
1 TL Salz
60 ml Rapsöl
350 ml Wasser, warm
Mehl für die Arbeitsfläche

Für die Füllung:
2 Zwiebeln, fein gehackt
2 Knoblauchzehen,
 zerdrückt
4 EL Öl
200 g Aubergine,
 fein gewürfelt
200 g Spinat,
 fein geschnitten
300 g Gemüsemais, gegart
2 EL Maismehl
1 TL Oregano, getrocknet
1 TL Paprikapulver
1 TL Kreuzkümmel
 (Cumin), gemahlen
Salz
Pfeffer
Tabascosauce

Dazu:
150 ml Guacamole
 (siehe Seite 104)
150 ml Salsa
 (siehe Seite 105)
150 g saure Sahne

Mehl, Backpulver, Salz und Öl verrühren. Nach und nach das warme Wasser zugeben und die Masse zu einem glatten, nicht zu weichen Teig verkneten. Abgedeckt etwa 1 Stunde ruhen lassen.

Den Teig in zwölf gleich große Stücke aufteilen, zu Kugeln formen und mit dem Nudelholz auf einer bemehlten Arbeitsfläche zu relativ kleinen Fladen mit etwa 15 Zentimeter Durchmesser ausrollen. Die Fladen nach und nach in eine ohne Fett erhitzte Pfanne legen und von jeder Seite etwa 1 Minute braten, bis der Teig teilweise bräunlich wird. Abgedeckt auf einem Teller sammeln.

Für die **Füllung** Zwiebel und Knoblauch in Öl andünsten, Aubergine mitdünsten, Blattspinat dazugeben und zusammenfallen lassen, Maiskörner und Maismehl unterrühren. Mit den Gewürzen abschmecken und durch die Menge an Tabascosauce den individuellen Schärfegrad bestimmen.

Pro Person drei Tortillas erst mit Guacamole, dann mit der Füllung bestreichen und aufrollen. Mit der Salsa und der sauren Sahne servieren.

Soybean Dodgers
Soja-Spitzbuben

Die Taler schmecken warm zu Salat und Kartoffeln oder kalt als Sandwichfüllung mit Eisbergsalat und Tomate zwischen zwei mit Mayonnaise bestrichenen Vollkorntoastscheiben.

Die Sojabohnen in reichlich Wasser über Nacht einweichen. Mit frischem Kochwasser aufsetzen und 2 Stunden garen.

Gekochte Sojabohnen mit der Gemüsebrühe im Mixer oder mit dem Pürierstab pürieren. Mit Toastkrümeln, Knoblauch, Zitronensaft, Tabasco und Gewürzen vermischen und mit Salz und Pfeffer pikant abschmecken. Je einen Esslöffel des Teiges in heißem Öl von beiden Seiten zu goldbraunen Talern ausbacken.

125 g Sojabohnen
125 ml Gemüsebrühe
2 Scheiben Vollkorntoastbrot, fein zerkrümelt
2 Knoblauchzehen, zerdrückt
1 TL Zitronensaft
1 TL grüne Tabascosauce
1 TL Koriander, gemahlen
1 TL Kreuzkümmel (Cumin), gemahlen
½ TL Kurkuma, gemahlen
Salz
Pfeffer
Öl zum Ausbacken

Delicious Dinner

Dilip's Caribbean Coconut Seitan
Dilips karibischer Kokos-Seitan

In der nordamerikanischen Veggie-Szene ist Dilip Barman eine feste Größe. Er leitet die »Triangle Vegetarian Society« in North Carolina und organisiert Jahr für Jahr das weltweit größte vegetarische Thanksgiving-Fest. Legendär sind sein eigener Cooking Blog und seine Kochkurse. Hinter seiner Auswahl an Zutaten und Gewürzen für dieses köstliche Gericht mit Karibik-Feeling verbirgt sich die in Kuba ebenso wie auf den Florida Keys äußerst beliebte Würzsauce »Mojo Criollo«. Legen Sie beim Kochen eine CD mit karibischen Rhythmen ein!

250 g Seitan, in mundgerechte Streifen geschnitten
4 EL Olivenöl
1 Gemüsezwiebel, gehackt
150 g braune Champignons, gewürfelt
1 TL Rosmarin
½ TL Zitronenthymian
½ TL Oregano, gehackt
3 – 4 Blätter Zitronensalbei, gehackt
2 EL Limettensaft
4 EL Orangensaft
2 Knoblauchzehen, gepresst
Zitronenpfeffer, frisch gemahlen
1 TL abgeriebene Limettenschale
8 – 10 EL Kokosmilch
3 EL Kokosraspel
¼ TL Kurkuma, gemahlen
Salz

Seitan bei mittlerer Hitze im Olivenöl anbraten. Sobald er leicht braun ist, Zwiebel zugeben und weiterbraten. Pilze und Kräuter zugeben und mitbraten lassen, bis der Seitan rundum schön gebräunt ist. Limetten- und Orangensaft, Knoblauch, Zitronenpfeffer, Limettenschale sowie die Hälfte der Kokosmilch unterrühren und weitergaren lassen. Nach etwa 5 Minuten Kokosraspel und Kurkuma zugeben. Nun wie bei einem Risotto immer wieder rühren und von Zeit zu Zeit noch ein wenig Flüssigkeit (Kokosmilch) zugeben, damit das Gericht schön saftig bleibt, ohne in Kokosmilch zu schwimmen. Zum Schluss mit etwas Salz abschmecken.

Dilip serviert dazu braunen Reis sowie frisch gegarten Mais mit fein gehackter Gemüsezwiebel, frisch gepresstem Limettensaft, etwas Margarine und Salz.

Delicious Dinner

Sour Cream Potatoes
Überbackene Kartoffeln mit saurer Sahne

Cheddar ist ein goldgelber bis orangefarbener Hartkäse, der ursprünglich aus dem gleichnamigen Dörfchen im englischen Somerset stammt und je nach Reifezeit recht kräftig schmecken kann. In den USA, wo viele Käse sehr mild sind, kommt er echten Käsefans deshalb gerade recht und ist an allen Käseständen in großer Auswahl zu haben. (Mögen Sie es gerne pikant, halten Sie nach »Sharp Cheddar« Ausschau.) Bei uns wird meist irischer Cheddar angeboten, der sich für alle hier aufgeführten Rezepte problemlos verwenden lässt. Da er so gut schmilzt, ist Cheddar zum Kochen und Backen besonders geeignet.

Gegarte Kartoffeln pellen und in große Würfel schneiden. Zwiebel in der Butter oder Margarine glasig dünsten. In einer großen Schüssel Kartoffeln, gedünstete Zwiebeln, saure Sahne, Cheddar, Salz und Pfeffer gut vermischen. In eine gefettete Auflaufform geben und die Kartoffeln bei 180 bis 200 °C etwa 30 Minuten überbacken.

750 g Kartoffeln, in der Schale gegart
1 Zwiebel, gewürfelt
2 EL Butter oder Margarine
250 g saure Sahne
150 g Cheddar, fein gewürfelt
¼ TL Salz
etwas Pfeffer
Fett für die Form

Orange Glazed Zucchini
Mit Orange glasiertes Zucchinigemüse

Das süße Gemüse passt z. B. zu einem kräftig gewürzten Curryreis.

Zucchini der Länge nach in Hälften schneiden, in wenig Salzwasser 8 Minuten vorkochen und gut abtropfen lassen. In einem kleinen Topf Butter oder Margarine schmelzen lassen, zuerst mit dem Mehl und dann mit den restlichen Zutaten in einem kleinen Topf vermischen und unter ständigem Rühren zum Kochen bringen.

Zucchinihälften mit der Schnittfläche nach oben in eine flache, gefettete Auflaufform legen und mit der Sauce übergießen. Bei 180 bis 200 °C etwa 20 Minuten backen.

750 g kleine Zucchini
Salz
2 TL Butter oder Margarine
2 EL Weizenvollkornmehl
4 EL Honig oder Agavendicksaft
½ TL Salz
Saft und 2 TL abgeriebene Schale einer unbehandelten Orange
Fett für die Form

Delicious Dinner

Crusty Potatoes
Knusperkartoffeln

Eine hübsche Beilage, die sich gut im Voraus vorbereiten und dann 30 Minuten vor Essensbeginn in den Ofen schieben lässt.

*750 g Kartoffeln,
  in der Schale gegart
3 EL Butter oder Margarine,
  geschmolzen
Kräutersalz
Pfeffer
40 g Cornflakes,
  fein zerstoßen*

Gegarte Kartoffeln pellen, in der Butter oder Margarine schwenken und mit Salz und Pfeffer kräftig würzen. In den zerstoßenen Cornflakes rollen und nebeneinander in eine Auflaufform legen. Die Kartoffeln bei 180 bis 200 °C etwa 25 Minuten backen.

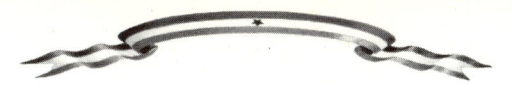

Dr. John Harvey Kellogg und seine Cornflakes

Dass der Arzt Dr. John Harvey Kellogg, der von 1852 bis 1943 im US-Bundesstaat Michigan lebte und in Battle Creek ein berühmtes Sanatorium führte, gemeinsam mit seinem Bruder Will Keith Kellogg die Cornflakes (und übrigens auch die Erdnussbutter) erfand, verdanken wir einem Zufall: Seine Patienten, die er nach einem ganzheitlichen Ansatz unter anderem mit der Umstellung auf eine stark getreidelastige, vegetarische Kost behandelte, waren das ewige Brot bald leid und verlangten nach Abwechslung. Auf der Suche nach Alternativen ließen die Brüder einmal in ihrem Laboratorium gekochten Weizen, mit dem sie einen Brei zubereiten wollten, unbeabsichtigt über Nacht stehen. Am nächsten Morgen kamen sie auf die Idee, die stark aufgequollenen Weizenkörner durch Walzen zu pressen und im warmen Ofen zu trocknen. Die dadurch entstandenen, flachen Flocken kamen bei den Patienten so gut an, dass viele nach der Entlassung fragten, ob die Brüder ihnen nicht einen Vorrat nach Hause schicken könnten. 1897 entstand so ein kleiner Versandhandel mit Getreide-Flakes, die bald um eine noch besser schmeckende Variante auf Maisbasis bereichert wurden: die berühmten Cornflakes. Der Kundenstamm wuchs rasch, und die Gewinnspanne war enorm. Durch ein schlichtes Herstellungsverfahren wurde preiswertes Getreide in teure Gesundheitskost verwandelt.

Doch die Wege der Brüder Kellogg trennten sich bald. Will Keith investierte weiter in die Frühstücksflocken, John Harvey in das Sanatorium, das unter seiner Führung aufblühte. Um 1920 kamen jährlich rund 1200 Patientinnen und Patienten nach Battle Creek, darunter Berühmtheiten wie Henry Ford und Thomas Edison. Als er sich dann aber mit einer allzu ehrgeizigen baulichen Erweiterung übernahm und infolge der wirtschaftlichen Depression in den 1930er-Jahren viele Gäste verlor, musste Dr. Kellogg das Sanatorium schließen.

Die Kellogg Company ist heute einer der weltweit größten Produzenten von »Cerealien«, wie man die Frühstücksflocken heute nennt. Auch in Deutschland, und zwar in Bremen, gibt es eine eigene Produktionsstätte mit modernem Distributionszentrum, das täglich rund 1 Million Packungen in mehr als 50 Länder verschickt. Umstritten ist die starke Anreicherung konventioneller Cornflakes mit künstlich hergestellten Vitaminen und Mineralstoffen. Aber die Brüder Kellogg sind ja nicht ohne Nachahmer geblieben – zum Glück gibt es Bio-Cornflakes ohne solche Zusätze.

Delicious Dinner

Roasted Sweet Potatoes
Gebackene Süßkartoffelscheiben

Im Ofen gebackenes Gemüse ist in den USA eine beliebte Beilage. Nach dem gleichen Rezept können Sie Pastinaken, Kürbis oder Möhren zubereiten. Auch bei den Gewürzen können Sie variieren. Legen Sie z. B. ganze, geschälte Knoblauchzehen bei oder mischen Sie 1 EL Kreuzkümmelsamen unter das Fett.

750 g Süßkartoffeln
4 EL Butter oder Margarine, geschmolzen
½ TL Salz
Pfeffer
Fett für das Blech

Süßkartoffeln schälen, in gut 1 Zentimeter dicke Schreiben schneiden und in eine Schüssel geben. Butter oder Margarine mit Salz und Pfeffer verrühren, über die Scheiben geben und gut vermischen. Auf einem gefetteten Backblech ausbreiten und bei 180 °C etwa 15 Minuten backen, wenden und weitere 15 Minuten backen, bis die Süßkartoffeln gar sind.

Creamed Corn
Sahniger Mais

Mit Bratlingen und klassischer Cranberrysauce (siehe Seite 147) eine schöne Kombination.

4 Kolben frischer Gemüsemais
2 EL Butter oder Margarine
¼ l Schlagsahne
Salz
Pfeffer
1 TL Vollrohrzucker
½ TL Speisestärke
etwas Wasser
½ Bund Petersilie, fein gehackt

Maiskörner mit einem scharfen Messer von den Kolben schneiden, in der Butter oder Margarine erhitzen, Sahne zufügen, mit Salz und Pfeffer würzen und zum Kochen bringen. Unter gelegentlichem Rühren etwa 20 Minuten köcheln lassen, bis der Mais gar und die Sauce leicht eingedickt ist. Zucker zugeben, Speisestärke mit etwas Wasser anrühren, unter den Mais ziehen und noch einmal kurz aufkochen lassen. Mit Salz und Pfeffer abschmecken und mit der Petersilie garnieren.

Sweet Potatoes and Apples
Süßkartoffeln und Äpfel
Eine herrliche, fruchtig süße Beilage aus dem Apfelstaat New York.

Süßkartoffeln schälen, in gut 1 Zentimeter dicke Scheiben schneiden und in wenig Wasser etwa 10 Minuten vorgaren. Aus den Äpfeln das Kerngehäuse ausstechen, die Äpfel schälen und quer in ebenfalls gut 1 Zentimeter dicke Ringe schneiden. Salz, Zucker, Muskat und Orangenschale vermischen. In eine gefettete Auflaufform abwechselnd Süßkartoffelscheiben und Apfelringe legen und jede Schicht mit der Zuckermischung bestreuen. Zum Schluss den Orangensaft angießen und bei 180 bis 200 °C etwa 20 bis 25 Minuten backen.

3 mittelgroße Süßkartoffeln
3 mittelgroße Äpfel
¼ TL Salz
40 g Vollrohrzucker
½ TL Muskatnuss, frisch gerieben
abgeriebene Schale einer halben unbehandelten Orange
Fett für die Form
60 ml Orangensaft, frisch gepresst

Snowy Mashed Potato Casserole
Überbackener Kartoffelschnee
Einer der absoluten Favoriten meines Sohnes Lewis, der (wie ich) für richtig gute, mehligkochende Kartoffeln meilenweit geht! Die weißfleischigen Kartoffeln aus Idaho machen das Kartoffelpüree besonders schön schneeig, aber saure Sahne und Frischkäse verleihen dem Gericht auch hier bei uns eine helle Farbe.

Kartoffeln in der Schale garen, etwas abkühlen lassen und pellen. Gekochte Kartoffeln mit einem Stampfer gut zerdrücken. Restliche Zutaten außer Butter oder Margarine und Schnittlauch zugeben und in der Küchenmaschine glatt schlagen. In eine gefettete Auflaufform geben und glatt streichen. Butter oder Margarine in Flöckchen aufsetzen und den Kartoffelschnee bei 180 bis 200 °C etwa 30 Minuten überbacken. Mit Schnittlauchröllchen und -blüten verzieren und noch warm servieren.

10 – 12 mehligkochende, mittelgroße Kartoffeln
250 g saure Sahne
200 g Frischkäse
1 TL Salz
¼ TL Knoblauchpulver
1 Prise Pfeffer
Fett für die Form
1 EL Butter oder Margarine
Schnittlauchröllchen und -blüten

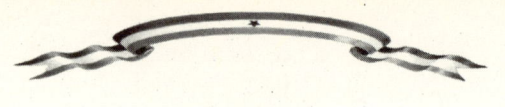

Cranberrys

Cranberrys sind die Früchte eines niedrig wachsenden Strauches *(Vaccinium macrocarpon)*, der eng mit der Preiselbeere *(Vaccinium vitis-idaea)* verwandt ist. Schon die Urbevölkerung Nordamerikas schätzte die roten Beeren wegen ihrer wertvollen Nährstoffe und heilenden Kräfte. Sie nannten sie »Atoca«, und unter diesem Namen sind sie bis heute in Kanada noch vielerorts bekannt. Als wichtiges Grundnahrungsmittel dienten sie ihr im Winter als willkommene Vitaminquelle. Aber sie machte auch Umschläge aus den Beeren, um Verletzungen zu heilen, und verwendete sie zum Färben von Stoffen und Pelzen. Die Bezeichnung »Cranberrys« erfanden die ersten englischen Siedler, weil die weiß-rosa, anfangs nach unten wachsenden Blüten sie an die Köpfe von Kranichen (englisch »*cranes*«) erinnerten.

Cranberrys werden heute in Kanada sowie im Norden der USA (vor allem in den Bundesstaaten Wisconsin, Massachusetts, New Jersey, Oregon und Washington) angebaut. Geerntet werden sie von Ende September bis Ende Oktober, nach dem ersten Frost und vor dem ersten Schneefall. Zu dieser Zeit haben die Früchte die intensivste Färbung. Zur Ernte werden die Felder mit Wasser überflutet und die Früchte durch mechanische Wasserräder von den Sträuchern gelöst. Wegen der Luftkammern in den Früchten schwimmen sie an der Oberfläche und brauchen dann nur noch abgeschöpft zu werden. Ein Teil der Ernte wird im Herbst frisch verkauft, ein anderer Teil kommt getrocknet in den Handel.

Cranberrys gehören zu den Lieblingen der nordamerikanischen Küche. Frische Beeren werden zu Kompott, Saucen oder Fruchtsaftgetränken verarbeitet (jeweils mit reichlich Süßungsmitteln, denn die puren Beeren schmecken ziemlich sauer). Aber auch die getrockneten Beeren mit ihrem edlen, herbsüßen Aroma harmonieren sehr gut mit den verschiedensten Speisen und Gebäckspezialitäten.

Cranberrys enthalten viele Vitamine, Calcium und Eisen sowie eine ganze Reihe medizinisch wirksamer Inhaltsstoffe. Eine kleine Sensation war die Entdeckung der Tannine, die der Anheftung von Escherichia-coli-Bakterien an die Schleimhautzellen von Blase und Niere entgegenwirken. Da diese Bakterien für Harnwegsinfektionen verantwortlich sind, wird der Genuss von Cranberrys zur Vorbeugung und Behandlung solcher Infektionen empfohlen. Neuere Forschungsergebnisse deuten darauf hin, dass Cranberrys auch Krebserkrankungen und Herz-Kreislauf-Problemen entgegenwirken können. Kurz: Sie schmecken gut und sind supergesund – zwei gewichtige Argumente dafür, sie in der Küche reichlich zu verwenden!

Classic Cranberry Sauce
Klassische Cranberrysauce

Cranberrysauce wird traditionell zum festlichen Thanksgiving-Dinner serviert, schmeckt aber auch alltags sehr gut zu allem scharf Angebratenen und bildet einen schönen Gegensatz zu deftigen Speisen. Wichtig ist, dass Sie die Cranberrys kochen, bis sie aufplatzen. Auf diese Weise wird das natürliche Pektin freigesetzt, dass die Sauce gelieren lässt.

Zucker und Wasser mischen und zum Kochen bringen. Rühren, bis sich der Zucker aufgelöst hat. Cranberrys zugeben und etwa 10 Minuten kochen, bis die Beeren aufplatzen. In eine Schüssel geben und kühl stellen.

200 g Vollrohrzucker
¼ l Wasser
350 g frische Cranberrys

Variationen:
- 1 Handvoll grob gehackte Pecannüsse unterrühren.
- 2 TL abgeriebene Schale einer unbehandelten Orange zugeben.
- 50 g Rosinen oder getrocknete Blaubeeren unterziehen.
- Mit Zimt, Muskat oder Piment würzen.
- Aus Cranberrysauce, Frischkäse, Quark und Senf einen Gemüsedip anrühren.

Delicious Dinner

Corn on the Cob
Gekochte Maiskolben

Maiskolben gehören in den USA zu den beliebtesten Dinnerbeilagen und sind ganz leicht zuzubereiten, wenn man sich an ein paar Grundregeln hält. Wichtig ist, dass man es mit möglichst frischen Zuckermaiskolben zu tun hat, die zur richtigen Zeit gepflückt werden. Ideal ist die »Milchphase«, in der eine milchige Flüssigkeit austritt, wenn man ein Maiskorn mit dem Daumennagel einritzt. Am besten kauft man die Kolben noch mit den schützenden hellgrünen Blättern und entfernt diese erst kurz vor dem Kochen. Maiskolben zum Grillen sollten vorgekocht sein, weil es sonst zu lange dauert, bis sie gar sind.

4 Kolben Gemüsemais
Butter oder Margarine
Salz

Maiskolben in reichlich Wasser etwa 10 Minuten kochen, abtropfen lassen und noch heiß servieren. Am Tisch Butter oder Margarine und Salz bereit stellen, sodass jede/r sich ihren/seinen Kolben nach dem persönlichen Geschmack bestreichen und bestreuen kann.

Tipps:
- Etwas Zucker im Kochwasser bringt den angenehm süßlichen Maisgeschmack noch stärker zur Entfaltung.
- Dagegen niemals Salz ins Kochwasser geben – es macht den Mais zäh.
- Sehr praktisch sind kleine Spezialstecher mit Griff, mit denen man die Kolben beim Essen an beiden Seiten halten kann. (Zur Not tun es aber auch zwei Gabeln.)
- Jede Form von gewürzter Butter oder Margarine (z. B. mit Kräutern oder Knoblauch) sorgt für geschmackliche Abwechslung.
- Gemüsemais lässt sich ganz leicht im eigenen Garten anbauen. Die Pflanzen sollten jedoch nicht in einer langen Reihe, sondern in mehreren Reihen dicht zusammenstehen, damit sie sich gegenseitig bestäuben können.

Desserts

Hazelnut-Stuffed Pears
Überbackene Birnen

Für den Anbau von Birnen bietet der Nordwesten der USA ausgezeichnete klimatische und geologische Voraussetzungen. Oregon und Washington sind Bundesstaaten mit ausgedehnten Birnenplantagen. Besonders bekannt sind die grünen oder roten, in jedem Fall aber saftig süßen Anjou-Birnen.

Birnenhälften mit der flachen Seite nach unten in eine nicht gefettete Auflaufform setzen, mit Traubensaft angießen und bei 180 bis 200 °C etwa 45 Minuten backen, bis sie weich sind. Nüsse, Zucker und Vanillezucker vermischen. Birnen umdrehen, Nussmischung in die Aushöhlungen löffeln, Butter oder Margarine in Flöckchen aufsetzen und unmittelbar vor dem Servieren weitere 5 Minuten backen.

4 Birnen, geschält, halbiert und entkernt
80 ml heller Traubensaft
50 g Haselnüsse, gemahlen
2 EL Vollrohrzucker
1 Päckchen Vanillezucker
2 EL Butter oder Margarine

Variation:
- Statt der Nüsse gemahlene Mandeln verwenden.

Delicious Dinner

Tapioca Pudding
Tapiokapudding

Der Lieblingsnachtisch meines Sohnes Jerry. Tapioka ist eine fast geschmacksneutrale Stärke, die aus der in Südamerika, Asien und Afrika angebauten Maniokwurzel gewonnen und meist in Form kleiner, weißer Kügelchen (Perltapioka) angeboten wird. Weicht man sie ein, quellen die Kügelchen auf und werden durchsichtig (Spötter sprechen von »Glubschkugeln« oder »Froscheiern«). In Milch gekocht und mit Vanille, Eiern, Zucker und Sahne verfeinert, kann man sie sich so richtig auf der Zunge zergehen lassen. In den USA gibt es den Tapiokapudding auch schon fertig im Supermarkt. Mit der Simmertopfmethode lässt er sich aber auch ganz leicht selbst herstellen.

Perltapioka finden Sie in gut sortierten Reformhäusern oder Bioläden. Ist sie einmal nicht aufzutreiben, können Sie sie problemlos durch den bei uns überall erhältlichen, aus dem Mark der Sagopalme gewonnenen Perlsago ersetzen.

½ l Milch oder Sojadrink
1 Vanilleschote, ausgekratzt
1 Prise Salz
2 Eier
80 g Tapioka
  (ersatzweise Perlsago)
30 g Vollrohrzucker
125 ml Schlagsahne,
  aufgeschlagen

Milch oder Sojadrink mit Vanilleschote, Salz und Eiern verquirlen und zum Kochen bringen (am besten in einem Simmertopf, damit nichts anbrennt). Tapioka oder Sago einrühren und so lange kochen, bis die Körner weich sind und eine dicklich cremige Konsistenz erreicht ist. Zucker unterrühren und ein wenig abkühlen lassen. (Nicht lange stehen lassen, damit die Masse nicht zu steif wird!) Schlagsahne unterziehen und noch lauwarm servieren.

Variationen:
- Mit Himbeersauce, Sauerkirschkompott oder einem Obstsalat servieren.
- Einen Teil der Milch durch Kokosmilch ersetzen.
- Mit Zimt, Anis und Vanille abschmecken.
- Lebkuchengewürz oder Kakaopulver einrühren … mmmh, sehr lecker!

Delicious Dinner

Baked Grapefruit
Gebackene Grapefruits

Rund 60 Prozent der Grapefruit-Weltproduktion kommen aus den USA, und zwar aus den Bundesstaaten Texas und Florida. Wer dort durchs Landesinnere fährt, kann rechts und links der Straßen die ausgedehnten Plantagen sehen. Besonders schön für Auge und Gesundheit sind »Ruby Red« und andere Grapefruitsorten mit rosa Fruchtfleisch. In dem folgenden, ganz schnell und einfach zuzubereitenden Dessert harmonieren leicht bittere, säuerliche und süße Aromen auf ganz köstliche Weise.

Grapefruits halbieren, Fruchtfleisch herausschneiden und zerkleinern. Mit Sahne und Honig mischen und in die Grapefruithälften zurückfüllen. Im Backofen bei 180 bis 200 °C etwa 15 bis 20 Minuten backen.

2 rosa Grapefruits
300 g saure Sahne
2 EL Honig

Bread Pudding
Brotpudding

Brotpudding ist ein echtes Suchtmittel! Backen Sie daher ruhig das doppelte Rezept … Am besten schmeckt er mir mit warmer Vanillesauce und einem aus 250 g Zwetschgen, 4 Äpfeln, 3 EL Vollrohrzucker und 1 TL Zimt frisch gekochten Kompott.

4 Scheiben altbackenes Vollkorntoastbrot
2 EL Butter oder Margarine
2 EL Vollrohrzucker
2 EL Rosinen
Fett für die Form
2 Eier
200 ml Milch oder Sojadrink
1 Prise Salz
½ TL Vanille, gemahlen
1 MSP Zimt, gemahlen
1 Prise Muskatnuss, frisch gerieben

Brotscheiben auf beiden Seiten buttern oder mit Margarine bestreichen und in Würfel schneiden. Mit Zucker und Rosinen mischen und in eine gefettete Auflaufform geben.

Eier, Milch oder Sojadrink und Gewürze verrühren und darübergießen. Bei 180 bis 200 °C etwa 25 Minuten backen.

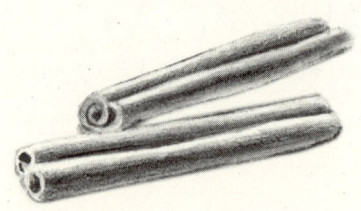

Sweet Tacos
Süße Tacos

Ob die gebackenen Bananen aus der chinesischen Dessertküche bei dieser Leckerei Pate standen? Egal – die süßen Tacos sind einfach ein Gedicht!

Mehl, Backpulver, Salz und Öl verrühren. Nach und nach das warme Wasser zugeben und die Masse zu einem glatten, nicht zu weichen Teig verkneten. Abgedeckt etwa 1 Stunde ruhen lassen.

Den Teig in vier gleich große Stücke aufteilen, zu Kugeln formen und auf einer bemehlten Arbeitsfläche mit dem Nudelholz zu dünnen Fladen ausrollen.

Die Fladen nach und nach in eine ohne Fett erhitzte Pfanne legen und von jeder Seite etwa 1 Minute braten, bis der Teig teilweise bräunlich wird. Abgedeckt auf einem Teller sammeln.

Bananen schälen und in jeden Fladen eine Banane gut einrollen und -falten.

Zucker und Zimt auf einem Teller mischen. Die Tacos in reichlich heißem Bratöl von allen Seiten goldgelb ausbacken und im Zimtzucker wälzen. In große Stücke schneiden und nach Belieben mit Ahornsirup beträufeln.

Für die Weizentortillas:
250 g Weizenvollkornmehl
½ TL Backpulver
½ TL Salz
2 – 3 EL Rapsöl
350 ml Wasser, warm
Mehl für die Arbeitsfläche

Für die Füllung:
4 reife Bananen

Dazu:
3 EL Vollrohrzucker
1 TL Zimt, gemahlen
Öl zum Ausbacken
Ahornsirup nach Belieben

Delicious Dinner

Blueberry Wild Rice
Überbackener Blaubeer-Wildreis

Der kernig süße Auflauf geht auf eine indianische Spezialität der Chippewa im heutigen Bundesstaat Minnesota zurück. Er ist nahrhaft, aber trotzdem leicht und schmeckt einfach herrlich nach den Wildreisseen und Blaubeerwäldern im Norden.

200 g Wildreis
etwa 400 ml Wasser
250 g Blaubeeren, frisch oder tiefgefroren
Fett für die Form
1 Ei
1 EL Vollrohrzucker
1 Päckchen Vanillezucker
¼ l Milch oder Sojadrink

Wildreis in dem Wasser nach der Angabe auf der Packung etwa 40 Minuten garen.

Gekochten Wildreis und Blaubeeren in einer gefetteten Auflaufform mischen. Ei mit Zucker und Vanillezucker verquirlen, nach und nach Milch oder Sojadrink zugeben und gut verrühren. Über Reis und Blaubeeren geben und bei 180 bis 200 °C etwa 30 Minuten backen.

Delicious Dinner

Peach Cobbler
Süßer Pfirsichauflauf

Ein Cobbler *(= Schuster) ist eine Mischung aus Auflauf und Kuchen und wird in den USA zum Nachtisch serviert. Der* Peach Cobbler *ist ursprünglich eine texanische Spezialität. Traditionell wird er zur Pfirsichernte mit frischen Pfirsichen gemacht. Zur Not tun es aber auch einmal Pfirsiche aus dem Glas.*

Butter oder Margarine schmelzen und in eine Auflaufform gießen. Mehl, Backpulver, Zucker und Salz vermischen. Milch oder Sojadrink zugießen und gut verrühren. Über die Butter oder Margarine in die Auflaufform gießen, aber nicht mit ihr verrühren. Halbierte Pfirsiche auf dem Teig verteilen. Mit Zimt bestreuen und bei 180 bis 200 °C etwa 30 Minuten backen.

80 g Butter oder Margarine
250 g Weizenvollkornmehl
2 TL Backpulver
120 g Vollrohrzucker
1 Prise Salz
¼ l Milch oder Sojadrink
4 frische Pfirsiche, entkernt und halbiert
1 TL Zimt, gemahlen

Variation:
- Nach dem gleichen Rezept können *Cobbler* mit Äpfeln, Kirschen oder Rhabarber gebacken werden.

Delicious Dinner

Easy Blueberry Cobbler
Einfacher Blaubeerauflauf

500 g Blaubeeren
Fett für die Form
1 EL Zitronensaft
150 g Weizenvollkornmehl
150 g Vollrohrzucker
1 Ei, aufgeschlagen
75 g Butter oder Margarine, geschmolzen

Blaubeeren in eine gefettete Auflaufform geben und mit Zitronensaft beträufeln. Mehl, Zucker und Ei verrühren und über die Blaubeeren geben. Geschmolzene Butter oder Margarine darüberträufeln. Bei 180 bis 200 °C etwa 30 Minuten backen und noch warm servieren.

Apple Raisin Cobbler
Apfel-Rosinen-Auflauf

3 – 4 säuerliche Äpfel, entkernt, geschält und in dünne Scheiben geschnitten
60 g Rosinen
Fett für die Form
120 g Vollrohrzucker
½ TL Zimt, gemahlen
1 Ei
60 ml Milch oder Sojadrink
80 g Butter oder Margarine, geschmolzen
120 g Weizenvollkornmehl
1 TL Backpulver

Äpfel und Rosinen in eine gefettete Auflaufform geben. Die Hälfte des Zuckers mit Zimt mischen und darüberstreuen.

Ei, Milch oder Sojadrink und Butter verquirlen, Mehl, Backpulver und restlichen Zucker unterrühren und den Teig über die Äpfel und Rosinen gießen.

Den Auflauf bei 180 bis 200 °C etwa 45 Minuten backen.

Blue Ridge Mountains Rice Pudding
Reispudding aus den Blue Ridge Mountains

Westlich des Shenandoah Valley beginnen die Blue Ridge Mountains, ein imposanter Gebirgszug, der zu den Appalachen gehört und vor allem für seine dichten, artenreichen Laubwälder bekannt ist. Unweit der wahrhaft grünen Grenze zwischen den Bundesstaaten Virginia und West Virginia haben meine Schwiegereltern als Rückzugsort eine ganz einfache, kleine Holzhütte (cabin) *in den Bergen, wo es nachts so still ist, dass man nur den Wind und die Rufe der Waldtiere hört. Zu den Spezialitäten der Gegend gehört dieser wunderbare Reispudding. Am schönsten wird er mit einer Mischung aus Langkorn- und buntem (rotem) Wildreis.*

Reis in das kochende Wasser geben, nach den Angaben auf der Packung etwa 30 Minuten bissfest kochen und ausquellen lassen. Eier in einem Topf schaumig aufschlagen und Stärke, Zucker und Milch oder Sojadrink zufügen. Unter ständigem Rühren zum Kochen bringen und eindicken lassen. Gewürze, Butter oder Margarine und gekochten Reis unterziehen, in eine Schüssel geben und kühl stellen. Den Pudding vor dem Servieren auf eine Platte stürzen und ganz nach Wunsch und Vorratslage mit frischem Obst, Nüssen oder Trockenfrüchten verzieren.

250 g Langkorn-Wildreis-Mischung
etwa ½ l Wasser
2 Eier
2 EL Speisestärke
75 g Vollrohrzucker
400 ml Milch oder Sojadrink
1 TL Vanille, gemahlen
½ TL Muskatnuss, frisch gerieben
1 EL Butter oder Margarine, geschmolzen
Obst, Nüsse oder Trockenfrüchte nach Belieben

Delicious Dinner

Stuffed Dates
Gefüllte Datteln

Am Stand des US-Bundesstaats Kalifornien auf der BioFach-Messe in Nürnberg probierte ich diese originellen Häppchen das erste Mal und war begeistert. Der süße Geschmack der Datteln harmoniert hervorragend mit dem cremigen Käse und den fruchtigen Kumquats, und mit ihren bunten Segeln sehen die kleinen Dattelschiffchen einfach appetitlich aus. Ein sehr schönes, unkompliziertes Fingerfood-Dessert für eine große Runde, aber auch als Mitbringsel für ein buntes Büfett gut geeignet und vielfach bewährt.

12 große, getrocknete Datteln
60 g Weinbergkäse, in kleine, rechteckige Scheiben geschnitten
2 – 3 Kumquats, in Scheiben geschnitten

Datteln längs aufschneiden und Kerne entfernen. Jeweils 1 Scheibe Käse und 1 Kumquatscheibe in den Einschnitt schieben und die gefüllten Datteln auf einem Teller arrangieren.

Blueberry Vanilla Soup
Blaubeer-Vanille-Suppe

Eine schöne Erfrischung an einem heißen Sommertag.

150 g Vanilleeis
½ l Buttermilch
125 g Seidentofu oder Magerquark
Saft und abgeriebene Schale einer halben unbehandelten Limette
150 g Blaubeeren
2 Handvoll Pecannusshälften
1 EL Ahornsirup
4 Stängel Zitronenmelisse

Vanilleeis, Buttermilch, Seidentofu oder Quark mit Limettenschale und -saft im Mixer oder mit dem Pürierstab pürieren. In vier tiefe Teller füllen und mit Blaubeeren und Nüssen bestreuen. Mit Ahornsirup beträufeln und mit Zitronenmelisse verzieren.

Country Lemonade
Selbst gemachte Limonade

Lemonade *ist DAS Erfrischungsgetränk im amerikanischen Sommer. Es lässt sich ganz leicht selbst herstellen und mit allen möglichen Obst- und Gemüsezutaten kreativ abwandeln. Kennerinnen und Kenner schwören darauf, den Zucker zuerst im heißen Wasser aufzulösen. Später lässt sich durch Zugabe von Zitronensaft oder Zucker der Süße- oder Säuregrad dann noch einmal feinjustieren.*

Wasser und Zucker in einem Kochtopf erhitzen und gelegentlich umrühren, bis sich der Zucker vollständig aufgelöst hat. In einen Glaskrug gießen, Zitronensaft einrühren und etwa 1 Stunde lang kühl stellen. Eiswürfel zugeben und mit Zitronenschnitzen und frischer Minze garnieren.

1 l Wasser
Vollrohrzucker nach Belieben
Saft von 8 – 10 unbehandelten Zitronen
Eiswürfel
Zitronenschnitze und Minze zur Dekoration

Variationen:
- Zitronenschale in einer langen Schlange abschälen und in die Limonade geben.
- Dünne Apfelscheiben mit Schale in der Limonade schwimmen lassen.
- Ein Bund Zitronenmelisse zugeben.
- Zitronensaft durch Limettensaft ersetzen.
- »*Pink Lemonade*«: Kirsch-, Erdbeer-, Himbeer-, Cranberry- oder roten Traubensaft in die fertige Limonade geben.
- »*Green Lemonade I*«: 3 Zitronen verwenden, Salatgurke schälen, würfeln, mit ½ Bund Minze im Mixer oder mit dem Pürierstab pürieren, einrühren und mit Kräutersalz statt Zucker abschmecken.
- »*Green Lemonade II*«: 3 Zitronen verwenden, Staudensellerie, Apfel, 1 Stück Ingwer und einige Blätter Romanasalat und Grünkohl entsaften, einrühren und mit Kräutersalz statt Zucker abschmecken.

Delicious Dinner

Homemade Ice Tea
Selbst gemachter Eistee

In den USA wird Eistee in den meisten Restaurants selbst aufgebrüht und gekühlt angeboten, sodass man gleich bei der Bestellung mit der Frage konfrontiert wird, ob man seinen Tee »sweetened« oder »unsweetened« haben will. (Mein Tipp: Auf jeden Fall »unsweetened« bestellen und nach Bedarf am Tisch selbst nachsüßen, denn »sweetened« ist meist ziemlich »sweet«!)

Auch zu Hause lässt sich Eistee ganz leicht selbst herstellen. Nur eine ganz wichtige Regel gilt es dabei zu beachten: Langsam abgekühlter Tee neigt zur Bitterkeit, deshalb: Tee mit weniger Wasser überbrühen, mit Eiswürfeln in einen Glaskrug geben und gleich ab in den Kühlschrank damit!

12 TL Schwarztee (Assam)
600 ml Wasser, kochend
2 unbehandelte Zitronen
3 EL Vollrohrzucker
Eiswürfel

Tee mit dem kochenden Wasser überbrühen, 3 Minuten ziehen lassen und in einen 1-Liter-Krug abgießen. Eine Zitrone auspressen, den Saft mit dem Zucker in den Tee rühren, mit Eiswürfeln auffüllen und im Kühlschrank abkühlen lassen. Die zweite Zitrone in Scheiben schneiden, mit frischen Eiswürfeln in Gläser füllen und mit dem Tee aufgießen.

Variationen:
- »Erdbeertee«: Früchtetee aufbrühen und frische Erdbeeren in die Gläser füllen.
- »Grüntee«: Grünen Tee mit Limettensaft und -scheiben mischen.
- »Traubentee«: Schwarztee und Früchtetee mischen, roten Traubensaft unterrühren, mit frischen Trauben auf Holzspießen garnieren.
- »Pfefferminztee«: Frische Minze überbrühen und mit Zitronensaft und -scheiben mischen.
- »Schneller Kindertee«: Früchtetee und Apfelsaft im Verhältnis 1:1 mischen. (Schmeckt auch heiß im Winter köstlich!)

Best Bakery

Sich über Kochrezepte auszutauschen ist eine ganz einfache Möglichkeit, mit Menschen auf der ganzen Welt locker ins Gespräch zu kommen. Noch besser als mit Koch- geht dies meiner Erfahrung nach aber mit Backrezepten, wahrscheinlich weil das Kochen für viele zur Pflicht gehört und die geseufzte Frage: »Was soll ich heute kochen?« im Hintergrund nicht zu überhören ist. Backen aber ist Kür! Fragt man nach den besten Rezepten für – sagen wir – einen Käsekuchen, geraten viele gleich ins Schwärmen und berichten mit glänzenden Augen vom besten Käsekuchen ihres Lebens. Kindheitserinnerungen werden lebendig, der Gedanke an schöne, altvertraute Geschmäcker macht glücklich, und fast meint man den Duft nach frisch gebackenen Keksen und Kuchen im Zimmer zu spüren.

So ging es mir jedenfalls immer, wenn ich mit amerikanischen Bekannten und Verwandten über Lieblingsbackrezepte fachsimpelte. Einige besonders lieb gewonnene Beispiele habe ich im letzten Kapitel dieses Buches für Sie versammelt. Einfach fantastisch, die wegen ihrer Kastenform als »*breads*« bezeichneten Zucchini- und Bananenkuchen! Und dann erst die Pies! *Apple, Pumpkin, Pecan, Key Lime Pie* … Allein der Gedanke daran lässt schon das Wasser im Mund zusammenlaufen. Probieren Sie aber auch unbedingt meine mit Seidentofu gebackenen *Brownies*, den köstlichen Möhren-Rohkost-Kuchen, die sagenhaften *Toll House Cookies* … und, und, und …

Aber auch die herzhaften Rezepte haben es in sich. Mein Geheimtipp ist das Sauerkrautbrot der Amish aus dem Heimatdorf meines leider früh verstorbenen Schwiegervaters Allen Smith in Illinois.

Plain Bagels
Einfache Bagels

3 TL Vollrohrzucker
2 TL Trockenhefe
600 g Weizenvollkornmehl
350 ml Wasser, lauwarm
1 TL Salz
Mehl für die Arbeitsfläche
2 – 3 l Wasser
2 EL Honig oder Agavendicksaft
Fett für das Blech
1 Eigelb
2 EL Milch

Zucker, Hefe und 2 EL von dem Mehl mit dem lauwarmen Wasser verrühren und an einem warmen Ort 10 bis 15 Minuten gehen lassen. Restliches Mehl mit Salz mischen, die Hefemischung einrühren und zu einem elastischen Teig verkneten. An einem warmen Ort zugedeckt gehen lassen, bis sich das Volumen des Teiges verdoppelt hat (mindestens 30 Minuten). Teig auf einer bemehlten Arbeitsfläche ausrollen oder in zehn gleich große Stücke teilen und nach einer der auf Seite 163 beschriebenen Methoden zehn Teigkringel formen. Noch einmal an einem warmen Ort 10 bis 15 Minuten gehen lassen (und, je nach Zeitplan, kühl stellen).

In einem großen Topf das Wasser mit dem Honig oder Agavendicksaft zum Kochen bringen. Die Bagels portionsweise in das siedende, nicht kochende Wasser geben und etwa 3 Minuten ziehen lassen. Umdrehen und nochmals 3 Minuten von der anderen Seite ziehen lassen (nicht kochen!). Mit einem Schaumlöffel herausheben und trockentupfen, auf ein gefettetes Backblech setzen.

Eigelb und Milch verquirlen und die Bagels damit bestreichen. Bei 180 bis 200 °C etwa 20 Minuten backen, dann umdrehen und weitere 10 Minuten backen.

Variationen:
- Die Bagels nach dem Bestreichen mit der Eiermilch in Mohn oder Sesam wälzen.
- 2 große, fein gehackte Zwiebeln in 3 EL Raps- oder Olivenöl bräunen und auf die frisch mit Eiermilch bestrichenen Bagels streuen.

Wie kommen die Löcher in die Bagels?

Bagels sind jüdischen Ursprungs und gelten in den USA als Wahrzeichen der jüdischen Küche. Sie gehören zur Familie der gebackenen Hefeteigkringel, unterscheiden sich aber z. B. von den in den USA ebenfalls beliebten, in Fett ausgebackenen Donuts durch ihre ganz spezielle Zubereitung: Die handtellergroßen Hefeteigringe werden nach dem Gehen kühl gelagert, anschließend gekocht und dann erst gebacken. Auf diese Weise erhalten sie ihre bageltypische Haut und ihre einzigartige, weiche und zugleich feste Konsistenz.

Wie aber kommen die Löcher in die Kringel? »Ein Loch ist Nichts mit ein bisschen was drum herum«, philosophierte schon Kurt Tucholsky. Recht hat er – doch wie bekommen wir dieses Nichts in die Bagels? Zur Beantwortung dieser Frage haben sich drei Schulen gebildet, die ihre Methode als die jeweils »einzig wahre« anpreisen. Probieren Sie aus, welcher dieser Schulen Sie sich anschließen möchten.

Schule 1: Die Fingerwickler
Sie teilen den Teig in gleich große Stücke auf und rollen diese zu Schlangen, die sie um die Finger einer Hand wickeln, sodass ein ringförmiges Gebilde entsteht. Wichtig ist, dass die Enden fest miteinander verbunden werden.

Schule 2: Die Lochbohrer
Sie formen aus den Teigstücken dicke Fladen, in die sie (z. B. mit einem Kochlöffelstiel) ein Loch bohren und dieses mit kreisenden Bewegungen auf etwa 3 Zentimeter vergrößern.

Schule 3: Die Ausstecher
Sie rollen den Teig etwa 2 Zentimeter dick aus und stechen die Ringe aus. In den USA (und mittlerweile auch bei uns in sehr gut sortierten Haushaltswarengeschäften) gibt es spezielle Bagel-Ausstecher. Man kann sich aber auch ganz leicht mit zwei kreisrunden Plätzchen-Ausstechformen behelfen, mit denen man die inneren und äußeren Kreise getrennt aussticht. Die Mittelstücke braucht man nicht neu zu verkneten, sondern kann sie als nette, kleine Knabberware einfach so mitbacken – »gebackenes Nichts« sozusagen!

Good Old Times Oatmeal Bread
Haferflockenbrot »wie früher«

Die Melasse gibt diesem traditionellen Brot genau den richtigen »Wie-früher«-Geschmack und unterstreicht die natürliche Süße der Haferflocken.

350 g Weizenvollkornmehl
50 g kernige Haferflocken
1 EL Vollrohrzucker
1 gehäufter TL Melasse (aus dem Reformhaus)
30 g Butter oder Margarine
200 ml Wasser, kochend heiß
½ Päckchen Trockenhefe
1 EL Wasser, lauwarm
½ TL Salz
Fett für das Blech

4 EL von dem Vollkornmehl, Haferflocken, Zucker, Melasse und Butter oder Margarine in eine Schüssel geben, mit dem kochend heißen Wasser begießen, leicht durchrühren und abkühlen lassen, bis die Masse lauwarm ist. Hefe mit dem lauwarmen Wasser anrühren, gemeinsam mit dem restlichen Mehl und dem Salz dazugeben und alles zu einem geschmeidigen Teig verkneten. (Ist der Teig zu bröselig, noch ein wenig warmes Wasser zugeben.) Zugedeckt an einem warmen Ort etwa 1 Stunde gehen lassen. Den Teig erneut gut durchkneten, zu einem Brot formen, auf ein gefettetes Backblech setzen und mit einem Messer der Länge nach einritzen. Im leicht erwärmten Ofen 1 weitere Stunde gehen lassen. Eine kleine feuerfeste Form mit heißem Wasser mit in den Ofen stellen und das Brot bei 180 bis 200 °C etwa 40 Minuten backen.

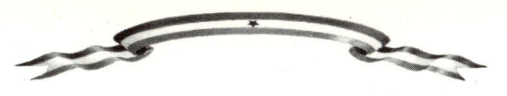

Melasse

Als er das glänzende Fell und die üppigen Mähnen amerikanischer Pferde gesehen habe, die Melasse aus einer nahe gelegenen Bio-Rohrzuckerfabrik ins Futter bekamen, habe dies bei ihm für ein Aha-Erlebnis gesorgt, berichtete mir ein schwarzgelockter, vegetarischer Pferdeflüsterer. Er habe sich einen großen Topf Melasse besorgt und sich ebenfalls eine Mähne wachsen lassen …

An dieser wahren Geschichte ist viel dran. Melasse (englisch »*molasses*«), ein schwarzes, zähflüssiges Restprodukt aus der Rohrzuckerherstellung, das es bei uns in Reformhäusern zu kaufen gibt, enthält an wertvollen Nährstoffen aus dem Zuckerrohr alles, was dem reinen Zucker entzogen wird: vor allem B-Vitamine und Folsäure, Mineralstoffe wie Kalium, Calcium, Magnesium und Eisen – und das reichlich. Vielen gilt es als natürliches Haus- und Stärkungsmittel oder gar als »Anti-Aging«-Elixier.

Vegetarierinnen und Vegetarier schätzen die Melasse als konzentrierte Nährstoffquelle, vor allem als pflanzlichen Eisenlieferanten. Empfohlen wird, täglich einen Teelöffel zu verzehren. Ich rühre ihn mir allmorgendlich in meinen warmen Getreidebrei.

Konsistenz und Aussehen der Melasse erinnern an Zuckerrübensirup, der aber durch das Einkochen von Zuckerrübensaft gewonnen wird. Und auch der Geschmack ist anders, für manche zuerst vielleicht ein bisschen gewöhnungsbedürftig, mit der Zeit aber schön erdig und angenehm süß.

In den USA, wo im Süden viel Zuckerrohr angebaut wird, verwendet man Melasse vor allem zum Backen, als natürliches Süßungsmittel und um den Teig (z. B. Leb- oder Gewürzkuchenteig) schön braun zu färben. Aber auch als Brotaufstrich, als Zutat zu Müsli oder Getränken (z. B. aufgelöst in heißem Wasser mit einem Schuss Zitronensaft oder in frisch gepresstem Orangensaft) kommt sie zur Anwendung.

Amish Sauerkraut Bread
Sauerkrautbrot der Amish

Die Amish sind eine eigenwillige Glaubensgemeinschaft mit deutschen und schweizerischen Wurzeln, die mit ihren von Pferden gezogenen Pflügen und »Buggys« bis heute größere Landstriche in den US-Bundesstaaten Pennsylvania, Ohio, Indiana und Illinois prägen. In einem Land, in dem leider viel fades Weißbrot angeboten wird, machen ihre würzigen Brote auf örtlichen Märkten natürlich Furore. Backen Sie dieses ungewöhnliche Brot einmal nach. Ein Muss für alle Sauerkrautfans!

1 Päckchen Trockenhefe
1 EL Vollrohrzucker
100 ml Wasser, warm
2 EL Rapsöl
1 mittelgroße Kartoffel (etwa 100 g), gekocht, gepellt und zerdrückt
½ TL Kümmel, ganz
1 TL Salz
½ TL Backsoda (Natron)
400 g Sauerkraut, abgetropft und klein geschnitten
500 g Weizenvollkornmehl
Fett für die Form

Hefe mit dem Zucker in das warme Wasser einrühren und einige Minuten stehen lassen. Öl, Kartoffel, Gewürze und das Sauerkraut zugeben. Zuletzt nach und nach das Mehl unterkneten, den Teig zudecken und an einem warmen Ort etwa 1 Stunde gehen lassen.

Den Teig noch einmal gut durchkneten (falls der Teig zu klebrig ist, noch etwas Mehl einarbeiten), in eine gefettete Kastenform geben und im leicht angewärmten Ofen wieder 1 Stunde gehen lassen. Bei 180 bis 200 °C etwa 55 Minuten backen.

Amish Dill Bread
Dillbrot der Amish

Kann man körnigen Frischkäse erwärmen? Die Amish tun es und schaffen damit die Grundlage für ihr berühmtes, sehr schön saftiges Dillbrot.

Hefe mit dem Zucker in das warme Wasser einrühren und einige Minuten stehen lassen. Butter oder Margarine, Frischkäse, Gewürze, Backsoda und Ei zugeben. Nach und nach das Mehl unterkneten, den Teig zudecken und an einem warmen Ort etwa 1 Stunde gehen lassen.

Den Teig noch einmal gut durchkneten (falls der Teig zu klebrig ist, noch etwas Mehl einarbeiten), in eine gefettete Kastenform geben und im leicht angewärmten Ofen wieder 1 Stunde gehen lassen. Bei 180 bis 200 °C etwa 55 Minuten backen.

1 Päckchen Trockenhefe
1 EL Vollrohrzucker
100 ml Wasser, warm
1 EL Butter oder Margarine, geschmolzen
200 g körniger Frischkäse
1 TL Zwiebeln, granuliert
2 TL Dillsamen oder getrocknete Dillspitzen
1 TL Salz
½ TL Backsoda (Natron)
1 Ei
400 g Weizenvollkornmehl
Fett für die Form

Best Bakery

Rachel's Zucchini Bread
Rachels süßer Zucchinikuchen

Nicht nur herzhafte Brote, sondern auch süße, in einer Kastenform gebackene Kuchen werden in den USA »Bread« genannt. Das wusste ich schon und war doch ziemlich skeptisch, als mir meine Schwiegermutter Rachel Smith erklärte, das beste Mittel gegen eine drohende Zucchiniflut im sommerlichen Garten sei ein süßer Kuchen, der in seiner Kastenform problemlos in jede Picknicktasche passe und sowohl am Badesee als auch an der feinsten Kaffeetafel reißenden Absatz fände. Ihr Rezept, das gleich für zwei Kastenformen reicht, hat mich überzeugt. Weil es so schön einfach ist, habe ich die Mengenangaben in Tassen beibehalten. Als Maßeinheit eignet sich jede größere Tasse oder ein kleiner Becher – Hauptsache, die Proportionen stimmen!

3 Eier
1 Tasse Öl
2 Tassen Vollrohrzucker oder Ahornsirup oder Honig
2 Tassen grob geraspelte Zucchini
1 Vanilleschote, ausgekratzt
4 Tassen Weizenvollkornmehl
1 Päckchen Backpulver
1 TL Zimt, gemahlen
1 TL Salz
½ Tasse Nüsse oder Mandeln, grob gehackt
Fett für die Formen

Eier schaumig schlagen, mit Öl, Zucker oder Sirup oder Honig, Zucchini und Vanille mischen.

Mehl, Backpulver, Zimt und Salz zugeben und gut verrühren.

Zum Schluss die Nüsse untermischen und die cremige Masse in zwei gefettete Kastenformen füllen. Bei 170 bis 190 °C etwa 1 Stunde backen.

Banana Bread
Bananenkuchen

Droht im Obstkorb ein Überhang an allzu reifen Bananen, gibt es bei uns den traditionellen amerikanischen Bananenkuchen – ein beliebter Kindergeburtstagskuchen, in seiner Kastenform aber auch ein idealer Picknickbegleiter, der leicht gelingt und allen schmeckt.

Butter oder Margarine mit dem Zucker schaumig rühren. Nach und nach Eier, Bananen, Mehl, Backpulver, Puddingpulver und Mandeln unterrühren.

Den Kuchenteig in eine gefettete Kastenform geben und bei 160 bis 180 °C etwa 60 Minuten backen.

125 g Butter oder Margarine
100 g Vollrohrzucker
2 Eier, verquirlt
3 reife Bananen (etwa 300 g), mit der Gabel zerdrückt
200 g Weizenvollkornmehl
1 Päckchen Backpulver
1 Päckchen Vanillepudding-Pulver
2 EL Mandeln, grob gemahlen
Fett für die Form

Betty's Strawberry Pizza
Bettys Erdbeerpizza

Warum Pizza immer nur herzhaft belegen? Zu den Spezialitäten von Betty Sims, der jüngsten Schwester meiner Schwiegermutter, gehört diese Erdbeerpizza – eine schöne, fruchtige Kuchenidee!

Für den Teig:
1 Päckchen Hefe
1 TL plus 3 gehäufte EL Vollrohrzucker
¼ l Milch, lauwarm
500 g Weizenvollkornmehl
1 Päckchen Vanillezucker
1 Prise Salz
50 g Butter oder Margarine
Fett für das Blech

Für den Belag:
250 g Frischkäse
50 g Vollrohrzucker
500 g frische Erdbeeren, halbiert
250 g anderes Obst, z. B. Ananasstücke, Blaubeeren oder Pfirsichscheiben
2 Bananen, der Länge nach halbiert und in Stücke geschnitten
250 g Aprikosenmarmelade

Hefe und 1 TL Zucker in einer Tasse mit 5 EL von der Milch anrühren und bei Zimmertemperatur etwa 15 Minuten stehen lassen.

Mehl in eine Rührschüssel sieben, die übrigen Zutaten sowie die angesetzte Hefe hinzugeben und zu einem geschmeidigen Teig verkneten. Den Teig an einem warmen Ort zugedeckt gehen lassen, bis er etwa doppelt so hoch ist. Nochmals gut durchkneten, auf einem gefetteten Blech ausrollen, bei 180 bis 200 °C etwa 30 Minuten backen und abkühlen lassen.

Frischkäse und Zucker verrühren und auf den Teig streichen. Obst nach Lust und Laune kunterbunt oder in einem schönen Mandala darauf verteilen. Aprikosenmarmelade leicht erhitzen und mit etwas Wasser anrühren, bis sie richtig schön streichfähig ist, und als Glasur über die Früchte ziehen.

O-Ton Betty: »Cool and serve – and listen to the OOHs and AAHs.«

Pumpkin Pie
Süßer Kürbiskuchen

Ein absoluter US-Klassiker ist der köstliche Pumpkin Pie. *Eine fertige Pumpkin-Pie-Gewürzmischung findet sich in den Regalen eines jeden nordamerikanischen Supermarkts. Trotzdem schwören viele auf ihre persönliche Gewürzkombination. In jedem Herbst gibt es im ganzen Land Pumpkin-Pie-Wettbewerbe, und die mit den ersten Preisen prämierten Rezepte werden in den Zeitungen abgedruckt. Ich habe es da ganz einfach, denn das Rezept meiner Schwiegermutter Rachel Smith ist absolut preisverdächtig. Mit ihrem Einverständnis darf ich es an Sie weitergeben.*

Für den Teig:
150 g Weizenvollkornmehl
1 TL Backpulver
1 TL Salz
75 g Butter oder Margarine
5 – 7 EL Wasser, kalt
Fett für die Form

Für die Füllung:
1 ½ Tassen Kürbispüree (Kürbisfleisch in wenig Wasser gedünstet und zerdrückt)
¾ Tassen Honig
½ TL Salz
je ½ TL Muskatnuss, frisch gerieben und Gewürznelken, gemahlen
je 1 TL Zimt und Ingwer, gemahlen
3 Eier, schaumig geschlagen
1 ¼ Tassen Milch
⅔ Tassen Schlagsahne

Weizenvollkornmehl, Backpulver, Salz, Butter oder Margarine und Wasser zu einem Teig verkneten und 1 Stunde an einem kühlen Ort ruhen lassen. Zwei Drittel des Teigs auf dem Boden einer gefetteten Pie-Form oder Springform verteilen, den Rest zu einer langen Schlange rollen und daraus einen Rand formen. Bei 180 bis 200 °C etwa 20 Minuten backen.

Kürbispüree, Honig, Gewürze, Eier, Milch und Schlagsahne gut verrühren und den vorgebackenen Teig damit füllen. Zunächst 15 Minuten bei 200 bis 220 °C, dann etwa 50 Minuten bei 175 bis 180 °C backen. Die Oberfläche muss schön dunkelbraun sein, und wenn wir mit einer Gabel in die Füllung stechen, muss sie sauber wieder herauskommen.

Am allerbesten schmeckt der Pie leicht angewärmt mit 1 Kugel Vanilleeis.

Best Bakery

Aunt Juanita's Pecan Pie
Tante Juanitas Pecan-Pie

Die Pecannuss ist der Walnuss ähnlich, hat aber eine länglichere Form und eine dünnere Schale. Sie schmeckt angenehm süßlich und ist ein wahres Kraftpaket mit vielen Mineralstoffen und Vitaminen. Die Pecannuss ist der offizielle Staatsbaum des US-Bundesstaates Texas. Seit 1996 wird in den USA jeweils am 16. April der »Tag der Pekannuss« (National Pecan Day) begangen. Der Pecan Pie ist also so etwas wie ein Nationalgericht. Als echte Kalorienbombe wird er meist nur an Festtagen serviert, dann aber auch gleich mit einer ordentlichen Portion Schlagsahne. Probieren Sie das besonders leckere Rezept unserer verehrten Tante Juanita Fleener.

Für den Teig:
150 g Weizenvollkornmehl
1 TL Backpulver
1 TL Salz
75 g Butter oder Margarine
5 – 7 EL Wasser, kalt
Fett für die Form

Für die Füllung:
200 ml Maissirup (oder anderer heller Sirup)
100 g Vollrohrzucker
75 g Butter oder Margarine
200 g Pecannusshälften
3 Eier, verquirlt
1 Prise Vanille, gemahlen
1 Prise Salz

Weizenvollkornmehl, Backpulver, Salz, Butter oder Margarine und Wasser zu einem Teig verkneten und 1 Stunde an einem kühlen Ort ruhen lassen. Zwei Drittel des Teigs auf dem Boden einer gefetteten Pie-Form oder Springform verteilen, den Rest zu einer langen Schlange rollen und daraus einen Rand formen. Bei 180 bis 200 °C etwa 20 Minuten backen. Übrige Zutaten vorsichtig mischen. In den vorgebackenen Pie-Boden füllen und bei 180 °C etwa 45 bis 50 Minuten backen. Abkühlen lassen und mit Schlagsahne servieren.

Variation:
- Aus New Orleans stammt der *»Bourbon Street Pecan Pie«*: Einfach 60 ml Bourbon Whisky in die Pie-Füllung rühren. (Aber nicht Tante Juanita erzählen!)

Perfect Apple Pie
Perfekter Apfel-Pie

Meine Freundin und Kollegin Karen Nölle, die ihre Kindheit in Tiburon, California, verbrachte, verriet mir dieses unübertroffene Familienrezept.

Mehl und Salz mischen, Fett mit einem Pastry Bender (Teigmischer aus Edelstahl) oder stumpfen Messer in den Teig schneiden und so lange weiter schneiden, bis die Brösel höchstens noch erbsengroß sind. Einen Esslöffel Wasser über der Masse verteilen, leicht mit einer Gabel schlagen, den angefeuchteten Teig an den Rand schieben; wiederholen, bis alles feucht ist. Den Teig nicht mit den Händen kneten. Zwei Kugeln formen (je eine für den Teig und eine für den Deckel), flach klopfen und ausrollen.

Apfelscheiben in eine Schüssel geben. (Sind sie nicht sauer genug, mit etwas Zitronensaft beträufeln.) Zucker, Mehl und Gewürze mischen und unter die Apfelscheiben rühren.

Pie-Form mit einer Teigplatte auslegen, Apfelscheiben einfüllen, darauf Butterflöckchen verteilen.

Teigdeckel auflegen und an den Rändern rundherum fest mit dem Teigboden zusammenkneifen, sodass alles gut versiegelt ist und am Rand kein Saft austreten kann. In den Deckel Schlitze oder Muster schneiden, damit Dampf entweichen kann. Mit etwas Zucker bestreuen.

Bei 180 bis 200 °C etwa 50 Minuten backen, bis der Teig goldbraun geworden ist. Warm servieren. Dazu schmeckt warme Vanillesauce oder für jeden 1 große Kugel Vanilleeis.

Für den Teig:
250 g Dinkelmehl (Type 630)
1 TL Salz
150 g Butter oder Margarine
5 – 7 EL Wasser

Für die Füllung:
4 – 5 möglichst saure Äpfel (z. B. Boskoop), geschält, entkernt und in dünne Scheiben geschnitten
eventuell etwas Zitronensaft
200 g Vollrohrzucker
2 EL Dinkelmehl
1 Prise Salz
1 TL Zimt, gemahlen
1 Prise Muskatnuss, frisch gerieben
2 EL Butter oder Margarine

Best Bakery

Upside Down Cake
Kopfüber-Kuchen

Der unkomplizierte Kuchen ist bei den unterschiedlichsten Gelegenheiten vielseitig einsetzbar und macht auch als festlich mit Obst oder mit bunten Streuseln und allerlei Dekomaterial verzierter Geburtstagskuchen eine gute Figur. Wir essen ihn am liebsten noch warm und mit einer ordentlichen Portion von Deedees Bananen-Smoothie (siehe Seite 40).

Fett für die Form
125 g Kokosraspel
6 EL Ahornsirup
250 g Weizenvollkornmehl
2 TL Backpulver
4 EL Raps- oder Sonnenblumenöl
400 g Seidentofu
1 TL Vanille, gemahlen
8 EL Wasser
frisches Obst der Saison nach Belieben

Eine gut gefettete Springform mit 80 g Kokosraspel gleichmäßig bestreuen, anschließend mit 2 EL Ahornsirup beträufeln. Mehl, Backpulver und restliche Kokosrapsel mischen. Öl, restlichen Ahornsirup, Tofu und Vanille mit dem Wasser in der Rührmaschine zu einer Creme verarbeiten. Mehlmischung unterrühren, den Teig auf die Kokosrapsel in die Springform geben und glatt streichen.

Bei 180 bis 200 °C etwa 35 Minuten backen. Zuerst den Rand der Springform lösen. Den Kuchen dann kopfüber auf einen Tortenboden stürzen und zuletzt vorsichtig den Boden der Springform lösen. Nach Belieben mit frischem Obst verzieren.

Silken Tofu – Seidentofu

Wie bei uns spielt auch in der vegetarischen US-Küche der aus der asiatischen Tradition stammende Tofu eine große Rolle. Tofu wird aus Sojadrink gewonnen, der mit einem natürlichen Gerinnungsmittel versetzt wird. Der daraus entstandene Sojaquark wird in Presskästen gefüllt und ein großer Teil der restlichen Flüssigkeit wird herausgepresst, bis die gewünschte Festigkeit erreicht ist. Tofu schmeckt kalt und warm, lässt sich kochen und braten. Vom Geschmack her eher neutral, ist er äußerst anpassungsfähig. Als kulinarisches Chamäleon lässt er sich sowohl für süße als auch für herzhafte Gerichte verwenden.

Toll ist, dass in den USA überall eine große Auswahl an Tofu mit verschiedener Festigkeit zu finden ist – von ganz weich bis ganz fest wird alles angeboten, was sicherlich auch mit der großen Anzahl von US-Bürgerinnen und -Bürgern mit asiatischem Hintergrund zusammenhängt. Eine echte Entdeckung für die feine Küche ist Seidentofu, den man nach dem Gerinnen ursprünglich in Seidentücher goss, in denen er kaum abtropfen konnte. Heute wird er teilweise sogar erst in der Verkaufsverpackung zum Gerinnen gebracht. Seidentofu wird nicht gepresst und hat deshalb von allen frischen Tofusorten den höchsten Feuchtigkeitsgehalt. Seine Konsistenz erinnert an Dickmilch oder Joghurt.

Sein Geschmack ist so zart und seine Konsistenz so glatt und weich, dass man – auch für noch nicht sojagewöhnte Gaumen – die schönsten Köstlichkeiten daraus herstellen kann. Seidentofu eignet sich besonders gut zum Verfeinern von Suppen und Saucen, aber auch als Grundlage für viele Cremes und feine Süßspeisen. Lassen Sie sich von den verschiedenen Beispielen in diesem Buch inspirieren (und verwenden Sie für diese Rezepte tatsächlich wie angegeben nur Seidentofu, da sie auf dessen Konsistenz und Geschmack abgestimmt sind). Ich bin ziemlich sicher: Sie werden begeistert sein!

Seidentofu bekommen Sie bei uns in gut sortierten Naturkostläden, im Bio-Versandhandel sowie in Asialäden oder internationalen Feinkostabteilungen (und dort meist im Japan-Regal). Wie gut er sich auch als Zutat für Kuchenteige eignet, denen er große Geschmeidigkeit und Saftigkeit verleiht, ohne auf irgendeine Art und Weise »vorzuschmecken«, mögen die beiden Kuchenrezepte in diesem Kapitel zeigen. Fragen Sie ruhig einmal Ihre Gäste. Sicher wird kaum jemand erraten, dass in dem »Upside Down Cake« oder in den »Tofu Brownies« jeweils ganze 400 Gramm Tofu stecken.

Best Bakery

Tofu Brownies
Mit Seidentofu gebackene Brownies

Die Brownies lösen sich leichter, wenn Sie zuerst passend zurechtgeschnittenes Pergamentpapier in die gefettete Form legen und dieses ebenfalls einfetten. Nach dem Abkühlen lässt sich dann der ganze Kuchen aus der Form stürzen.

1 kleinerer Apfel, geschält, entkernt und geviertelt
1 TL Sonnenblumenöl
150 g Vollrohrzucker
400 g Seidentofu
200 g Weizenvollkornmehl
2 geh. TL Backpulver
50 g Kakaopulver
½ TL Zimt, gemahlen
1 TL Vanille, gemahlen
Fett für die Form
2 EL Walnüsse, gehackt

Apfel in wenig Wasser im geschlossenen Topf etwa 10 Minuten kochen, abgießen und durch ein Sieb streichen. Mit Öl, Zucker und Tofu in der Rührmaschine zu einer Creme verarbeiten.

Mehl mit Backpulver, Kakao und Gewürzen vermischen und nach und nach unterrühren. Den Teig in eine große, flache, gut eingefettete Auflaufform geben und glatt streichen. Mit den Walnüssen bestreuen und bei 180 bis 200 °C etwa 20 bis 25 Minuten backen. Nach dem Abkühlen in Vierecke schneiden und diese vorsichtig aus der Form heben.

Blueberry Muffins
Blaubeermuffins

Ein Klassiker der US-Backstube – frisch gebacken ein Gedicht!

für 16 Muffins

80 g Vollrohrzucker
100 g weiche Butter oder Margarine
2 Eier
250 g Weizenvollkornmehl
2 TL Backpulver
½ TL Salz
120 ml Milch oder Sojadrink
250 g Blaubeeren
1 TL abgeriebene Orangenschale

3 TL Zucker beiseite stellen. Restlichen Zucker mit der Butter oder Margarine schaumig rühren, Eier unterrühren.

Mehl, Backpulver und Salz mischen und abwechselnd mit Milch oder Sojadrink in den Teig rühren. Zuletzt die Blaubeeren und die Orangenschale unterziehen.

Den Teig in Muffinförmchen geben und mit dem beiseite gestellten Zucker bestreuen. Bei 180 bis 200 °C etwa 25 bis 30 Minuten backen.

Ofentür leicht öffnen und die Muffins langsam abkühlen lassen.

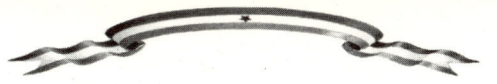

Baking Soda – Backsoda (Natron)

In den USA wird Backsoda traditionell allein oder zusammen mit Backpulver als Triebmittel verwendet. Bei uns ist es unter der Bezeichnung »Natron« im Lebensmittelhandel und in Drogerien erhältlich. Streng wissenschaftlich heißt es »Natriumhydrogencarbonat«. Die Bezeichnung »Natron« stammt aus dem Alten Ägypten, wo der Stoff aus den Seen des Tales Natrun (»Wadi Natrun«) gewonnen wurde. (Auch der Name des chemischen Elements »Natrium« ist von »Natron« abgeleitet.) In Ägypten kommt Natron – ebenso wie in den USA – bis heute natürlich vor. In Europa wird es durch das nach seinem Erfinder Ernest Solvay benannte Solvay-Verfahren aus natürlichem Kochsalz gewonnen.

Natron bindet und neutralisiert alle Säuren. Es kann ohne Bedenken eingenommen und gegessen werden, tut dem Magen gut und macht viele Speisen sogar bekömmlicher. Doch aufgepasst: Nicht alles, was den Namensbestandteil »Natron« in sich trägt, ist ebenso gut verträglich. Verwechseln Sie Speisenatron nie mit dem gefährlichen Ätznatron oder der ebenfalls ätzenden Natronlauge!

Speisenatron lässt sich in der Küche als Universalmittel einsetzen.

Hier einige Tipps für die Verwendung:
- Als Triebmittel in Gebäck: 5 g Natron auf 500 g Mehl.
- Zur Verminderung der blähenden Wirkung verschiedener Kohlsorten: 1 Prise ins Kochwasser.
- Zur Verfeinerung von Käsefondue: 1 MSP kurz vor dem Servieren ins fertige Fondue.
- Zur Abmilderung saurer Konfitüren und Marmeladen (z. B. Sanddorn, Rhabarber): 1 MSP auf 1 kg Früchte.
- Zur Neutralisierung durch Essig oder Zitronensaft versehentlich zu sauer gewordener Speisen: je nach Menge ½ bis 1 TL.
- Gegen Zwiebelgerüche von Geschirr und Händen: etwas Natron ins Spülwasser.

New York Cheese Cake
New Yorker Käsekuchen

Der New York Cheese Cake *mit seinem charakteristischen Krümelteig und seiner samtweichen Füllung ist als Seelentröster in allen Lebenslagen zu Recht weltberühmt, wegen des hohen Frischkäsegehalts aber auch extrem kalorienbombig. Eine schöne Alternative ist da der »liebste* New York Cheese Cake*« meiner Freundin Karen: »Unübertroffen, köstlich, schön feucht, nicht sooo mächtig. Amerikanostalgie pur, ohne Reue …«*

100 g Vollkorn-Butterkekse
40 g Butter oder Margarine, geschmolzen
500 g Sahnequark
500 g körniger Frischkäse
250 g Vollrohrzucker
1 Päckchen Vanillezucker
3 EL Dinkelmehl
1 Prise Salz
1 EL Zitronensaft
½ TL abgeriebene Schale einer unbehandelten Zitrone
5 Eier

Backofen auf 200 bis 220 °C vorheizen. Kekse in einen Gefrierbeutel geben, mit einem Nudelholz fein zerbröseln (Alternative: im Blitzhacker zerkleinern) und mit der geschmolzenen Butter oder Margarine anfeuchten. Auf den Boden und den unteren Rand einer Springform drücken.

Quark, körnigen Frischkäse, Zucker, Vanillezucker, Mehl und Salz gut vermischen. Zitronensaft und -schale zugeben. Eier trennen und das Eigelb unterrühren. Zuletzt das Eiweiß steif schlagen und vorsichtig unter die Füllung heben. Auf den Krümelboden gießen, die Hitze im Ofen auf 160 bis 170 °C reduzieren und den Kuchen etwa 50 bis 60 Minuten backen (Gabeltest). Den Ofen ausstellen, die Ofentür einen kleinen Spalt öffnen und den Kuchen langsam abkühlen lassen. Vor dem Servieren in den Kühlschrank stellen.

Variation:
○ In der Weihnachtszeit für den Krümelteig Spekulatius verwenden – lecker!

Key Lime Pie
Limettenkuchen aus Key West

Der köstliche Key Lime Pie ist DIE Spezialität der Florida Keys, der lang gezogenen Inselkette vor der Südspitze Floridas mit Key West an der Spitze. Verwendet wurden für den Pie ursprünglich die berühmten Key Limes, kleine, nicht einmal golfballgroße Limetten mit gelbgrüner Schale und einem sehr intensiven Aroma. William Curry, der erste Millionär auf Key West, hatte eine Köchin namens Aunt Sally, die gegen Ende des 19. Jahrhunderts den Key Lime Pie erfand. (In Currys prächtiger Villa befindet sich noch heute das Curry Mansion Inn.) Weil es auf den Florida Keys vor dem Bau des Overseas Highways weder Kühe und frische Milch noch irgendwelche Kühlschränke gab, brachte Aunt Sally in Dosen per Schiff angelandete Kondensmilch zum Einsatz, die dem süßsauren, cremigen Pie bis heute seine charakteristische Konsistenz verleiht.

Backen Sie Aunt Sallys geniale Erfindung nach und genießen Sie bei jedem Bissen das Karibik-Feeling. Von Key Wests Südspitze bis nach Kuba sind es nur noch 80 Meilen …!

Ofen auf 200 bis 220 °C vorheizen. Kekse in einen Gefrierbeutel geben, mit einem Nudelholz fein zerbröseln (Alternative: im Blitzhacker zerkleinern) und mit der geschmolzenen Butter oder Margarine anfeuchten. Auf den Boden einer Pieform (und auch ein Stück den Rand hoch) drücken.

Eigelb mit der Kondensmilch verquirlen, Puderzucker hineinsieben und gut vermischen. Unter ständigem Rühren nach und nach den Limettensaft zugießen und weiterrühren, bis eine schaumige Creme entstanden ist. Zuletzt die abgeriebene Limettenschale unterrühren.

Die Creme auf den Krümelboden gießen, die Hitze des Backofens auf 160 bis 170 °C herunterschalten und den Kuchen etwa 40 Minuten backen.

150 g Vollkorn-Butterkekse
60 g Butter oder Margarine, geschmolzen
4 Eigelb
400 ml Kondensmilch
4 EL Puderzucker
120 ml Limettensaft, frisch gepresst
1 EL abgeriebene Schale einer unbehandelten Limette

New Hampshire Easy Apple Cake
Schneller Apfelkuchen aus New Hampshire

Den großen, alten Apfelplantagen in New Hampshire hat John Irving in seinem gefeierten (und grandios verfilmten) Roman »Cider House Rules« (deutscher Titel »Gottes Werk und Teufels Beitrag«) ein literarisches Denkmal gesetzt. Wenn sich spontan Kaffeegäste angekündigt haben und es einmal ganz fix gehen soll, kommt dieser schnelle, saftige Kuchen aus dem nordwestlichen US-Bundesstaat gerade richtig. Am besten schmeckt er mir noch warm mit einer heißen Vanillesauce.

4 Äpfel, geschält und in Scheiben geschnitten
Fett für die Form
150 g Vollrohrzucker
½ TL Zimt, gemahlen
2 EL weiche Butter oder Margarine
1 Ei
¼ TL Vanille, gemahlen
120 g Weizenvollkornmehl
1 TL Backpulver

Die Hälfte der Äpfel in eine gefettete Springform geben.

4 EL Zucker mit dem Zimt mischen und die Hälfte des Zimtzuckers über die Äpfel streuen. Die andere Hälfte der Äpfel und des Zimtzuckers darüberschichten.

Restlichen Zucker mit Butter cremig rühren, Ei, Vanille, Mehl und Backpulver dazugeben und gut vermischen.

Den Teig über die Äpfel streichen und bei 170 bis 190 °C etwa 30 Minuten backen.

Susanne's Raw Carrot Cake
Susannes Möhren-Rohkost-Kuchen

Die vegetarische Rohkost-Community in den USA ist stark und aktiv, auf zahlreichen Treffen und Websites wird eifrig genetzwerkelt, überall eröffnen neue Rohkost-Restaurants. Damit einher geht der Trend, auch in »normale« vegetarische Speisepläne immer öfter auch einmal rohköstliche Spezialitäten einzubeziehen. Dazu eignet sich der Rohkost-Kuchen meiner alten Freundin Susanne ganz hervorragend. Nehmen Sie ihn mit, wenn Sie das nächste Mal »etwas zum Tee oder Kaffee« mitbringen sollen. Von dieser originellen und supergesunden Energiebombe ist noch bei keinem Kaffeeklatsch je ein Krümelchen übrig geblieben.

Trockenfrüchte etwa 2 Stunden in Wasser einweichen, mit dem Schaumlöffel herausholen und im Mixer oder mit dem Pürierstab fein pürieren. Mit den Möhren und den anderen Zutaten (außer Mohn oder Kokosrapsel) verkneten. Ist die Masse zu fest, noch etwas von dem Einweichwasser der Trockenfrüchte dazugeben, ist sie zu weich, mehr Haferflocken einkneten. Den Teig mit feuchten Händen auf einer Kuchenplatte zu einem halbkugelförmigen Kuchen formen und mit dem Mohn oder den Kokosrapseln verzieren. Einige Stunden in den Kühlschrank stellen. (Am nächsten Tag ist der Kuchen richtig durchgezogen und schmeckt noch mal so gut.)

150 g getrocknete Datteln
200 g getrocknete Feigen
150 g Rosinen
500 g Möhren,
  sehr fein geraspelt
100 g gemahlene Mandeln
100 g zarte Haferflocken
200 g Tahin (Sesammus)
1 Vanilleschote, ausgekratzt
etwas Zimt, gemahlen
2 – 3 EL Mohn oder
  Kokosraspel

Best Bakery

Classic Carrot Cake
Klassischer Möhrenkuchen

Der Lieblingskuchen meiner Schwiegertochter Judith. Wunderbar würzig, saftig und weich. Das Original hat eine äußerst fetthaltige Glasur aus 100 g Butter oder Margarine, 200 g Frischkäse, 100 g Puderzucker und der abgeriebenen Schale einer Zitrone. Die lassen wir alltags lieber weg und verzieren den Kuchen wie eine schweizerische Rüblitorte mit kleinen Möhrchen aus Marzipan.

250 g Weizenvollkornmehl
½ Päckchen Backpulver
2 TL Backsoda (Natron)
150 g Vollrohrzucker
1 TL Ingwer, gemahlen
2 TL Zimt, gemahlen
1 Prise Salz
200 ml Rapsöl
4 Eier
350 g Möhren, fein gerieben
Fett für die Form

Mehl, Backpulver, Backsoda, Zucker, Ingwer, Zimt und Salz mischen. Öl und Eier unterrühren. Zuletzt die Möhren unterziehen.

Den Kuchenteig in eine gefettete Springform geben und bei 160 bis 180 °C etwa 55 Minuten backen (Gabeltest).

Den Kuchen abkühlen lassen, auf eine Tortenplatte geben und nach Belieben verzieren.

Buttons'n Bows
Knöpfe und Schleifen

Aus der Backstube von Betty Sims in Tucson, Arizona, stammt dieses leckere Muskatgebäck. Achtung: Suchtgefahr!

Alle Zutaten für den Teig gut miteinander verrühren. (Falls der Teig zu sehr klebt, noch etwas Mehl hinzufügen.) Auf einer bemehlten Fläche ausrollen und mit einem Donut-Ausstecher oder zwei kreisförmigen Plätzchen-Ausstechern unterschiedlicher Größe Ringe ausstechen. Die Ringe mit beiden Händen aufnehmen und so verdrehen, dass Achten entstehen (das sind die »Schleifen« – und die zurückbleibenden inneren Kreise sind die »Knöpfe«).

Schleifen und Knöpfe auf ein mit Backpapier bedecktes Backblech legen und bei 180 bis 200 °C 10 Minuten backen.

Noch heiß mit der flüssigen Butter oder Margarine bepinseln und mit Zucker bestreuen. Auf Küchenkrepp legen und auskühlen lassen.

Für den Teig:
400 g Weizenvollkornmehl
1 Päckchen Backpulver
3 EL Rapsöl
1 TL Salz
4 EL Vollrohrzucker
2 TL Muskatnuss,
  frisch gerieben
1 TL Zimt, gemahlen
120 ml Milch
1 Ei
Mehl für die Arbeitsfläche

Zum Bestreichen:
25 g Butter oder Margarine,
  zerlassen
2 EL Vollrohrzucker

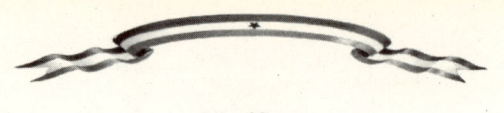

Muffins

Amerikanische Muffins sind nicht zu verwechseln mit ihren aus Großbritannien stammenden, aus Hefeteig gebackenen, historischen Vorläufern, die unter der Bezeichnung »*English Muffins*« in den USA zum Frühstück verzehrt werden (siehe Seite 56). Mit Hilfe des erst Mitte des 19. Jahrhunderts erfundenen Backpulvers wurde diese Urform in den USA weiterentwickelt und es entstanden die heutigen Muffins, die als das US-amerikanische Gebäck schlechthin gelten können. Ja, Muffins sind in den USA eine staatstragende Angelegenheit. Gleich drei US-Bundesstaaten kürten offizielle »*State Muffins*«: Minnesota den Blaubeermuffin, New York den Apfelmuffin und Massachusetts den Maismehlmuffin.

Woher der Name »Muffin« kommt, weiß man nicht ganz genau. Als mögliche Ursprünge gelten die alte französische Bezeichnung »moufflet« (= weich) und das altdeutsche Wort »Muffe« für einen Teil eines durch Kreuzschnitt in vier Teile geschnittenen Sauerteigkuchens.

Muffins werden aus einem einfachen, relativ flüssigen Teig hergestellt. Backpulver und Backsoda (Natron) sorgen für die charakteristische Luftigkeit. Bei der Zubereitung werden die festen und flüssigen Zutaten zunächst getrennt vermischt und anschließend nur gerade so lange verrührt, bis das Mehl nicht mehr sichtbar ist. Es würde sonst zu viel Gluten (Klebereiweiß) freisetzen und den Teig fest machen. Muffins werden in speziellen Backblechen aus Metall oder Silikon mit entsprechenden Vertiefungen gebacken, die mittlerweile auch bei uns in Haushaltswarenläden überall zu bekommen sind. Damit man nicht allzu sehr mit der Säuberung der Formen zu tun hat, empfiehlt es sich, die Vertiefungen nicht einzufetten, sondern mit Papierförmchen auszustatten, die es in jedem Supermarkt zu kaufen gibt. Die kleinen Kuchen lassen sich dann später auch viel leichter aus der Form herausheben. Wer kein spezielles Muffinblech besitzt, kann sich behelfen, indem er mehrere Papierförmchen ineinandersteckt, um sie stabiler zu machen.

Süße Muffins schmecken am besten noch warm zu Tee oder Kaffee, zu herzhaften Muffins passt ein frischer Salat.

Sweet Potato Muffins
Süßkartoffelmuffins

Ein typisches Rezept aus Mississippi, wo sich in der Küche vieles um die Süßkartoffel dreht. Das Rezept ergibt 12 große Muffins.

Weizenkleie, Mehl, Zucker, Zimt, Backpulver, Soda und Salz in einer Schüssel vermischen.

Öl, Joghurt oder Sojajoghurt, Eigelb und Süßkartoffeln unterrühren.

Äpfel und Rosinen zugeben. Eiweiß steif schlagen, vorsichtig unter den Teig ziehen.

Den Teig mit zwei Esslöffeln in Muffinförmchen verteilen. Bei 180 bis 200 °C etwa 35 bis 40 Minuten backen (Gabeltest!).

80 g Weizenkleie
80 g Weizenvollkornmehl
80 g Vollrohrzucker
1 ½ TL Zimt, gemahlen
1 TL Backpulver
1 TL Backsoda (Natron)
1 Prise Salz
1 EL Rapsöl
180 g Joghurt
  oder Sojajoghurt
2 Eier, getrennt
250 g Süßkartoffeln,
  gekocht und püriert
1 Apfel, geschält und fein
  gewürfelt
100 g Rosinen

Best Bakery

Official New York State Apple Muffin
Offizieller New York State Apfelmuffin

Im US-Bundesstaat New York werden pro Jahr 29,5 Millionen Bushel Äpfel (1 US-amerikanisches Bushel = 35,24 Liter) im Wert von $ 300 Millionen Dollar geerntet. Kein Wunder, dass der Apfelmuffin 1987 zum offiziellen Staatsgebäck ernannt wurde. Mr. Jim Allen, Präsident der »New York Apple Association« überließ mir das Rezept mit einem herzlichen Gruß an alle deutschen Apfelfans.

für 24 Muffins

Für den Teig:
450 g Weizenvollkornmehl
200 g Vollrohrzucker
½ TL Salz
2 TL Backsoda (Natron)
2 TL Backpulver
½ TL Vanille, gemahlen
1 ½ TL Zimt, gemahlen
½ TL Gewürznelken, gemahlen
1 Prise Muskatnuss, frisch gerieben
3 Eier, verquirlt
100 g Butter oder Margarine, zerlassen
100 g Frischkäse
2 größere Äpfel, geschält und klein gewürfelt
50 g Rosinen
50 g Walnüsse, grob gehackt

Für das Topping:
50 g Vollrohrzucker
25 g Weizenvollkornmehl
1 TL Zimt, gemahlen
1 TL abgeriebene Zitronenschale
2 EL Butter oder Margarine, zerlassen

Mehl, Zucker, Salz, Backsoda, Backpulver und Gewürze in einer Schüssel mischen. Eier, Butter oder Margarine und Frischkäse einrühren. Äpfel, Rosinen und Walnüsse unterheben und mit zwei Esslöffeln den Teig in die Muffinförmchen verteilen. Alle Zutaten für das Topping miteinander verrühren und mit zwei Teelöffeln je einen Klecks auf die Muffins setzen.

Bei 180 bis 200 °C etwa 20 bis 25 Minuten backen.

Best Bakery

Toll House (»Chocolate Chip«) Cookies
Zollhausplätzchen

1709 wurde am Rande des kleinen Örtchens Whitman, Massachusetts, ein Zollhaus errichtet. Auf halber Strecke zwischen Boston und New Bedford bezahlten die Reisenden dort ihren Wegezoll, wechselten die Pferde und stärkten sich mit einer guten Mahlzeit. Mehr als 200 Jahre später, im Jahr 1930, kauften Ruth Wakefield und ihr Mann Kenneth das altehrwürdige Haus und machten daraus eine Herberge, das »Toll House Inn«. Besonders die Kuchen und Desserts, die Ruth Wakefield für ihre Gäste backte, genossen bald überregionalen Ruhm. Ihr größter Erfolg aber waren die von ihr kreierten Kekse, in deren Teig sie harte, dunkle Schokolade schnitt. Heute sind sie als »Toll House Cookies« oder »Chocolate Chip Cookies« auf der ganzen Welt verbreitet und heiß geliebt.

Wichtig ist, Schokoladenstückchen zu nehmen, die beim Backen nicht vollständig schmelzen. Meine Schwägerin Peggy Smith sorgt per Postpäckchen dafür, dass mir der Vorrat nie ausgeht. Inzwischen gibt es sie als »Schokoladentropfen« in den Backabteilungen gut sortierter Lebensmittelläden aber auch bei uns zu kaufen. Ein Tipp: Auch in einen Muffinteig eingerührt, schmecken sie wunderbar.

Das Toll House Inn in Whitman ist am Silvesterabend 1984 infolge eines Feuers in der Küche leider vollständig abgebrannt. Heute erinnert nur noch eine Gedenktafel an die historische Stätte.

Butter oder Margarine mit Zucker, Vanillezucker, Salz und Ei cremig rühren. Mehl mit Backpulver und Backsoda mischen und unterrühren. Zuletzt mit einem großen Löffel vorsichtig die Nüsse und die Schokoladentropfen unterziehen. Teig mit zwei Teelöffeln als kleine Häufchen mit viel Abstand auf ein mit Backpapier ausgelegtes Backblech setzen und bei 180 bis 200 °C etwa 12 Minuten backen, bis die Cookies schön gebräunt sind.

Einige Minuten im offenen Ofen, danach auf einem Küchenrost langsam auskühlen lassen.

120 g weiche Butter oder Margarine
150 g Vollrohrzucker
1 Päckchen Vanillezucker
½ TL Salz
1 Ei
150 g Weizenvollkornmehl
½ TL Backpulver
1 TL Backsoda (Natron)
60 g Walnüsse, grob gehackt
175 g Chocolate Chips (Schokoladentropfen)

Graham Crackers
Grahamkekse

Der 1794 in Suffield, Connecticut, geborene Prediger und einflussreiche Vegetarier Sylvester Graham erfand das heute auch in Deutschland noch bekannte Grahambrot und die in den USA sehr beliebten Graham Crackers – damals revolutionär, da aus ungebleichtem Vollkornmehl. Graham war ein Lehrer von John Harvey Kellogg, dem Cornflakes-Erfinder, und gehörte 1850 zu den Mitbegründern der American Vegetarian Society.

300 g Weizenvollkornmehl
1 TL Backpulver
1 TL Backsoda (Natron)
100 g Vollrohrzucker
1 Päckchen Vanillezucker
¼ TL Zimt, gemahlen
¼ TL Salz
125 g kalte Butter oder Margarine, in Würfel geschnitten
2 EL Honig
2 EL Melasse
125 ml Milch oder Sojadrink

Mehl, Backpulver, Backsoda, Zucker, Vanillezucker, Zimt und Salz mischen. Mit Butter oder Margarine, Honig, Melasse und Milch oder Sojadrink zu einem festen Teig verkneten.

Den Teig auf einem mit Backpapier ausgelegten Backblech ausrollen, etwa 5 Zentimeter große Quadrate einschneiden und bei 180 bis 200 °C etwa 15 Minuten backen.

Abkühlen lassen und die Kekse vorsichtig auseinander brechen.

Sybel's Oatmeal Raisin Crisp Cookies
Sybels Rosinen-Haferflocken-Makronen

Sybel Boss, die Mutter meiner netten Yogalehrerin aus Bradenton, Florida, ist die Urheberin dieser superleckeren, ganz schnell zubereiteten Knabberei mit hohem Suchtfaktor.

Haferflocken und Zucker mischen, nach und nach Banane, Öl, Ahornsirup und zuletzt die Rosinen unterrühren. Je einen Esslöffel Teig abstechen, mit nassen Händen den tendenziell etwas krümeligen Teig noch etwas zusammendrücken und in Makronenform auf ein gefettetes Backblech setzen.

Bei 180 bis 200 °C etwa 15 bis 20 Minuten backen.

150 g feine Haferflocken
100 g Vollrohrzucker
½ Banane, zerdrückt
4 EL Rapsöl
2 EL Ahornsirup
100 g Rosinen
Fett für das Blech

New Orleans Pralines
Pecan-Pralinen aus New Orleans

In New Orleans lässt man es sich bekanntlich gern so richtig gut gehen, z. B. mit diesen kleinen Köstlichkeiten aus Zucker, Sahne und Pecannüssen. Mehrere Konditoreien im French Quarter verkaufen ihre berühmten hausgemachten Pralinen.

Zucker und Sahne bei geringer Hitze zu einem dicken Sirup einkochen. Nüsse und Butter unterrühren, bis alle Nüsse bedeckt sind. Pecannüsse von der Kochstelle nehmen und 10 Minuten abkühlen lassen.

Mit einem Teelöffel jeweils etwas von der Masse abnehmen und zu mundgerechten Stücken formen. Auf Pergamentpapier setzen (dabei genügend Zwischenraum lassen) und den Naschtrieb so lange zügeln, bis die Pralinen ganz abgekühlt und getrocknet sind.

200 g Vollrohrzucker
60 ml Schlagsahne
100 g Pecannusshälften
1 EL Butter oder Margarine

Interessante Websites

Vegetarian Resource Group: www.vrg.org
Vielfältigste Informationen zur nordamerikanischen Veggie-Szene mit Newsletter, aktuellen Terminen und Suchmöglichkeiten nach vegetarischen Restaurants und Einkaufsmöglichkeiten. Zum Angebot zählen auch die Zeitschrift »Vegetarian Journal« sowie Bücher und Broschüren.

International Vegetarian Union: www.ivu.org
Wer nach vegetarischen Aktivitäten in den einzelnen US-Bundesstaaten oder kanadischen Provinzen und Territorien sucht, wird hier fündig. Darüber hinaus gibt es Suchmöglichkeiten zu den verschiedensten Themen und interessante Einblicke in alles Vegetarische rund um den Globus.

North American Vegetarian Society: www.navs-online.org
Hinweise auf viele regionale Veggie-Gruppen mit einer großen Bandbreite unterschiedlichster Aktivitäten. Zeitschrift »Vegetarian Voice«. Große, überregionale Events an wechselnden Orten: »World Vegetarian Day« und viertägige Sommertagung mit Hunderten von Teilnehmerinnen und Teilnehmern, hochkarätigen Vorträgen, attraktivem Freizeitprogramm und einem rauschenden Sommerfest.

Triangle Vegetarian Society: www.trianglevegsociety.org
Eine der größten und aktivsten vegetarischen Regionalgruppen, die in North Carolina Jahr für Jahr das größte vegetarische Thanksgiving-Fest der Welt veranstaltet. Empfehlenswert ist auch der Küchenblog von Dilip Barman, dem Leiter der Organisation **(dilipdinner.blogspot.com)**.

People for the Ethical Treatment of Animals (PETA): www.peta.org
Mit mehr als 2 Millionen Mitgliedern und Unterstützerinnen und Unterstützern weltweit die größte Tierrechtsorganisation, die in Norfolk, Virginia, beheimatet ist.

Restaurantführer: www.happycow.net und www.vegdining.com
Detaillierte Restaurantsuche nach Orten mit sehr genauer Beschreibung und Beurteilung des Angebots.

Die Autorin

Irmela Erckenbrecht zeigt in ihrem Buch, wie vielfältig die nordamerikanische Veggie-Küche ist. Zahlreiche vegetarische Rezepte ihrer amerikanischen Schwiegerfamilie und ihrer Freunde aus den USA gehören seit vielen Jahren zu ihrem eigenen Kochrepertoire – und bei jedem Besuch kommen neue dazu.

Wenn sie nicht gerade den nordamerikanischen Kontinent bereist, zuhause in Göttingen Rezepte entwickelt oder gärtnert, schreibt Irmela Erckenbrecht Koch- und Gartenbücher oder übersetzt Sach- und Kinderbücher, vor allem aber literarische Werke aus England, Irland und Nordamerika. Internet: www.buecher-werkstatt.de

Sie ist Autorin folgender pala-Bücher:
- Querbeet. Vegetarisch kochen rund ums Gartenjahr
- Zucchini. Ein Erste-Hilfe-Handbuch für die Ernteschwemme
- Erbsenalarm!
- Vegetarisch und gesund durch die Schwangerschaft
- Das vegetarische Baby. Schwangerschaft, Stillzeit, Erstes Lebensjahr
- So schmeckt's Kindern vegetarisch
- Das Wechseljahrekochbuch
- Die Kräuterspirale. Bauanleitung, Kräuterporträts, Rezepte
- Wie baue ich eine Kräuterspirale?
- Neue Ideen für die Kräuterspirale
- Rosmarin und Pimpinelle. Das Kochbuch zur Kräuterspirale
- Sichtschutz im lebendigen Garten (mit Rainer Lutter)

Rezepte von A bis Z

Äpfel und Süßkartoffeln 145
Apfelkuchen aus
   New Hampshire 180
Apfelmuffin, New York State 186
Apfel-Pie 173
Apfel-Rosinen-Auflauf 156
Apfelsalat 81
Arme US-Ritter 49
Avocadosuppe, kalte 68

Backofenkartoffeln
   mit Tofufüllung 110
Backofen-Pommes mit Ketchup,
   beides selbst gemacht 108
Bagel, einfacher 162
Bagel mit Erdnusssalat 97
Bagel mit Frischkäse 98
Bagel mit Zimt und Rosinen 50
Bagel Sonnenuntergang 99
Bananenkuchen 169
Bananen-Smoothie 40
Belgische Waffeln 44
Bettys Erdbeerpizza 170
Birnen, überbackene 149
Biscuits mit Sahnesauce 59
Blaubeerauflauf, einfacher 156
Blaubeer-Mais-Pudding 33
Blaubeermuffins 176
Blaubeer-Orangen-Smoothie 38
Blaubeer-Vanille-Suppe 158
Blaubeer-Wildreis 154

Bohnen-Reis-Suppe 71
Bohnensuppe, bunte 67
Bratkartoffeln, rustikale 60
Brotdosensalat 77
Brotpudding 152
Brownies, mit Seidentofu 176
Bunte Bohnensuppe 67
Burritos mit schwarzen
   Bohnen 137
Buttermilchwaffeln 45
Butternusskürbis-Lasagne 118
Butternusskürbis-Suppe
   mit Birnen 70

Cajun-Reis 107
Carrot Cake 182
Cäsar-Salat 89
Cheese Toasties 113
Chicorée-Schiffchen
   mit Erbsensalat 87
Chili sin carne 123
Cinnamon Raisin Bagels 50
Cinnamon Rolls 36
Cole Slaw 90
Corn Fritters 111
Country Fries 109
Cranberrysauce, klassische 147

Datteln, gefüllte 158
Deedees Bananen-Smoothie 40

Rezepte von A bis Z

Dilips karibischer
    Kokos-Seitan 140
Dillbrot der Amish 167
Dorothes Nacho-Auflauf 125

Einfacher Bagel 162
Einfacher Blaubeerauflauf 156
Eistee, selbst gemachter 160
Emilys Weihnachts-Shake 43
Englische Muffins 56
Erdbeerpizza 170
Erdnussmusbrot mit Gelee 95
Erdnusssalat-Bagel 97

Falscher Benedict 57
Flüssige Green Card 42
French Toast 49
Frühstücksbrötchen, weiche 58
Fünf-Tassen-Salat 83

Gartensalat mit Minze 85
Gebackene Grapefruits 151
Gebackene Kartoffelspalten 109
Gebackene Süßkartoffeln
    mit Bohnenfüllung 134
Gebackene
    Süßkartoffelscheiben 144
Gefüllte Datteln 158
Gekochte Maiskolben 148
Gemüsefan-Gumbo 128
Göttliches Tofu-Ragout 135
Grahamkekse 188
Grandma Hazels Maismehlbrei 30
Grits 34
Grüne Tomaten 102
Guacamole 104

Haferbrei, schneller 28
Haferflockenbrot »wie früher« 164
Haferkleiebrei, warmer 29
Hash Browns 55
Hefe-Zimt-Schnecken 36
Heißer Sojakakao 43
Home Fries 60
Hums Guacamole 104
Hüpfender John 129
Hütten-Bagel 98

Ice Tea 160
Indianischer
    Blaubeer-Mais-Pudding 33
Indianisches Pfannenbrot 114

Jasmines schnelle Salsa 105
Joes Mittagssandwich 92

Kalte Avocadosuppe 68
Karibischer Kokos-Seitan 140
Kartoffelrösti, amerikanische 55
Kartoffelschnee, überbackener 145
Kartoffelspalten, gebackene 109
Käsekuchen, New Yorker Art 178
Käsenudeln 101
Käse-Nuss-Brot 94
Käsetoast 113
Key Lime Pie 179
Kidneybohnensalat 75
Klassische Cranberrysauce 147
Klassischer Möhrenkuchen 182
Knöpfe und Schleifen 183
Knusperkartoffeln 142
Knuspermüsli, hausgemacht 31
Knusprige Tofubällchen 136

Kopfüber-Kuchen 174
Kürbiskuchen, süßer 171
Kürbissuppe 64

Lasagne mit Butternusskürbis 118
Limettenkuchen aus Key West 179
Limonade, selbst gemachte 159
Linsensalat 80
Linsen-Zucchini-Suppe 66

Macaroni and Cheese 101
Mais, sahniger 144
Maiscremesuppe 63
Maisgrütze 34
Maiskolben, gekochte 148
Maismehlbrei 30
Maispfannkuchen aus
    Rhode Island 48
Maistaler 111
Mangoshake aus Fort Myers 42
Milchshakes 115
Mit Orange glasiertes
    Zucchinigemüse 141
Mit Seidentofu gebackene
    Brownies 176
Mittagssandwich 92
Möhrenkuchen, klassischer 182
Möhren-Rohkost-Kuchen 181
Möhrensalat mit Walnüssen
    und Cranberrys 78
Morgen-Munter-Macher 40
Muffins mit Blaubeeren 176
Muffins mit Süßkartoffeln 185
Muffins, englische 56

Nacho-Auflauf 125
Nachos, überbackene 103
New Yorker Käsekuchen 178
Nudelsalat 91
Nuggets aus Seitan 111
Nussbraten für Thanksgiving 130

Obstsalat mit Tofu 37
Offizieller New York State
    Apfelmuffin 186

Pastinaken-Erdnuss-Suppe 69
Peanut Butter Sandwich 95
Pecan-Pie 172
Pecan-Pralinen aus
    New Orleans 189
Perfekter Apfel-Pie 173
Pfannenbrot, indianisches 114
Pfannkuchen mit Ahornsirup 46
Pfirsichauflauf, süßer 155
Pizza wie bei Andrew's 119
Pudding mit Tapioka 150
Puffmais 116
Pumpkin Pie 171

Rachels süßer
    Zucchinikuchen 168
Reis & Makkaroni aus
    San Francisco 100
Reisauflauf aus dem
    Shenandoah Valley 133
Reis-Bohnen-Suppe mit
    Grünkohl 71
Reispudding aus den
    Blue Ridge Mountains 157

Reuben Sandwich mit marinierten
   Seitanscheiben 93
Rohkostplatte mit magerem
   Ranch-Dip 74
Rosinen-Haferflocken-
   Makronen 189
Rosinen-Zimt-Bagel 50
Rührei 53
Rührtofu 54
Rustikale Bratkartoffeln 60

Sahniger Mais 144
Salat von dreierlei Bohnen 82
Sandwich mit Tofusalat 94
Sauerkrautbrot der Amish 166
Sautauthig 33
Schnelle Salsa 105
Schneller Apfelkuchen aus
   New Hampshire 180
Schneller Haferbrei 28
Seitan-Jambalaya 132
Seitan, karibischer 140
Seitannuggets 111
Selbst gemachte Limonade 159
Selbst gemachter Eistee 160
Soja Stroganoff 122
Sojakakao, heißer 43
Soja-Spitzbuben 139
Spiegelei 52
Spinat-Pie 121
Spinatsalat mit
   Pinienkerndressing 76
Susannes Möhren-
   Rohkost-Kuchen 181
Süße Tacos 153
Süßer Kürbiskuchen 171

Süßer Pfirsichauflauf 155
Süßkartoffel-Chili 126
Süßkartoffelmuffins 185
Süßkartoffeln mit Bohnen 134
Süßkartoffeln und Äpfel 145
Süßkartoffelscheiben,
   gebackene 144
Sybels Rosinen-Haferflocken-
   Makronen 189

Tacos »Drei Amigos« 138
Tacos, süße 153
Tante Fayes Ostersalat 88
Tante Juanitas Pecan-Pie 172
Tante Mabels Nudelsalat 91
Tapiokapudding 150
Toast Hawaii 112
Tofubällchen 136
Tofucremesuppe 62
Tofu-Ragout 135
Truthahnfreier Nussbraten für
   Thanksgiving 130

Überbackene Birnen 149
Überbackene Kartoffeln mit
   saurer Sahne 141
Überbackene Nachos aus
   Arizona 103
Überbackener Blaubeer-
   Wildreis 154
Überbackener Kartoffelschnee 145

Waffeln mit Buttermilch 45
Waffeln, belgische 44
Waldorfsalat 86

Rezepte von A bis Z

Warmer Haferkleiebrei mit
  Leinöl 29
Weckruf auf Key Largo 41
Weiche Frühstücksbrötchen 58
Weihnachts-Shake 43
Weißkohlsalat 90
Wildreissuppe aus Minnesota 73
Wrigleys Gartensalat 85

Zimt-Hefe-Schnecken 36
Zimt-Rosinen-Bagel 50
Zitronige Zucchini-Linsen-
  Suppe 66
Zollhausplätzchen 187
Zucchinigemüse 141
Zucchinikuchen, süßer 168
Zucchini-Salsa 106

»Ich bin VEBU-Mitglied, weil die vegetarische Ernährung nicht nur gesund, sondern auch nachhaltig sowie richtig lecker ist.«

Prof. Dr. Claus Leitzmann, ehem. Leiter des Instituts für Ernährungswissenschaft der Justus-Liebig-Universität Gießen

VEBU-Mitglied werden.
Die vegetarische Idee stärken!

Rundum bestens informiert. Sie beziehen als Mitglied exklusiv unser Magazin »natürlich vegetarisch«.

Günstiger mit der VEBU-Card. Genießen Sie Rabatte bei unseren Partnern: Versand-Shops, Restaurants, Hotels und andere mehr.

Persönliche Beratung. Allen Mitgliedern stehen erfahrene ErnährungsberaterInnen am Infotelefon zur Seite.

Kongresse und Events. Nehmen Sie teil an großartigen Events, Seminaren und internationalen Treffen.

Aktiv mitwirken. Unterstützen Sie mit Ihrer Stimme unsere wertvolle Arbeit.

LEBEN UND
LEBEN LASSEN

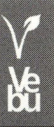

Vegetarierbund Deutschland

Jetzt weitere Informationen inklusive Probeheft anfordern.
Vegetarierbund Deutschland e. V. (VEBU) • Blumenstraße 3 • 30159 Hannover
Telefon 0511 3632050 • Fax 0511 3632007 • info@vebu.de • www.vebu.de

Vegetarisches aus aller Welt

Petra Skibbe und Joachim Skibbe:
Toscana vegetariana
ISBN: 978-3-89566-278-2

Heike Kügler-Anger:
Cucina vegana
ISBN: 978-3-89566-247-8

Kerstin Lautenbach-Hsu:
Vegetarisch kochen – chinesisch
ISBN: 978-3-89566-259-1

Katrin Eppler:
Vegetarisch kochen – türkisch
ISBN: 978-3-89566-271-3

Bücher für Genießer

Irmela Erckenbrecht:
Rosmarin und Pimpinelle
ISBN: 978-3-89566-256-0

Ulla Grall:
Bohnen – vom Garten in die Küche
ISBN: 978-3-89566-298-0

Heike Kügler-Anger:
Frisch aufgegabelt – Nudeln vegan
ISBN: 978-3-89566-281-2

Angelika Eckstein:
Vegan backen
ISBN: 978-3-89566-239-3

Gesamtverzeichnis bei:
pala-verlag, Rheinstraße 35, 64283 Darmstadt, www.pala-verlag.de

ISBN: 978-3-89566-297-3
© 2011: pala-verlag,
Rheinstraße 35, 64283 Darmstadt
www.pala-verlag.de

Alle Rechte vorbehalten

Umschlag- und Innenillustrationen: Margret Schneevoigt
Landkarte: Ingrid Keller

Lektorat: Barbara Reis

Satz und Gestaltung: Verlag Die Werkstatt, Göttingen
www.werkstatt-verlag.de

Druck: fgb • freiburger graphische betriebe
www.fgb.de
Printed in Germany

Dieses Buch ist auf Papier aus
100 % Recyclingmaterial gedruckt
und klimaneutral produziert.

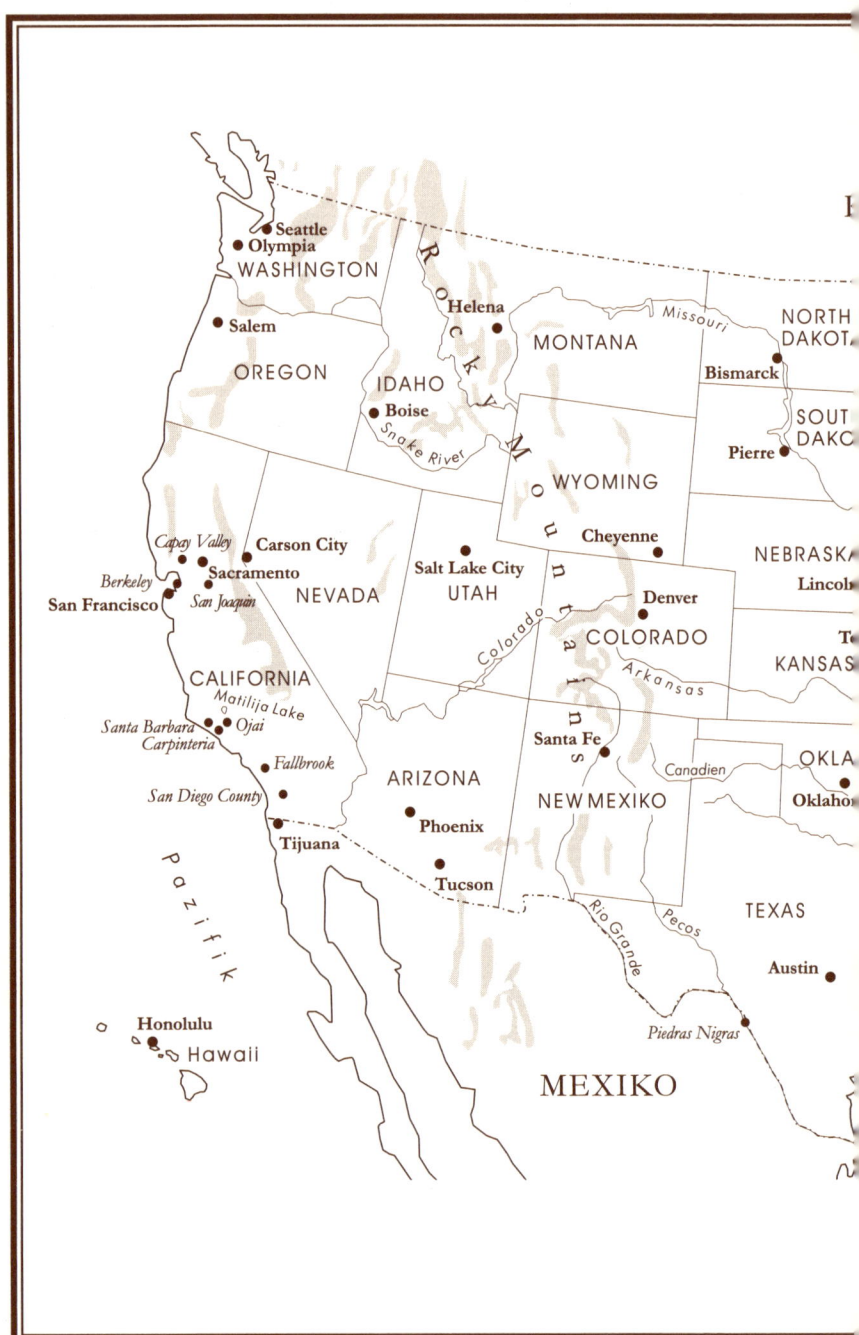